本书出版受北京印刷学院学科建设与研究生教育专项资助

崔存明 著

# 学惟求新

传统文化的现代转型与重构

中华书局

**图书在版编目（CIP）数据**

学惟求新:传统文化的现代转型与重构/崔存明著. —北京：
中华书局,2021. 10
ISBN 978-7-101-15364-4

Ⅰ.学…　Ⅱ.崔…　Ⅲ.传统文化-研究-中国　Ⅳ.K203

中国版本图书馆 CIP 数据核字（2021）第 188191 号

书　　名　学惟求新:传统文化的现代转型与重构
著　　者　崔存明
责任编辑　罗华彤　白爱虎
出版发行　中华书局
　　　　　（北京市丰台区太平桥西里 38 号　100073）
　　　　　http://www.zhbc.com.cn
　　　　　E-mail:zhbc@zhbc.com.cn
印　　刷　北京瑞古冠中印刷厂
版　　次　2021 年 10 月北京第 1 版
　　　　　2021 年 10 月北京第 1 次印刷
规　　格　开本/710×1000 毫米　1/16
　　　　　印张 15　插页 2　字数 210 千字
国际书号　ISBN 978-7-101-15364-4
定　　价　88.00 元

# 目 录

# 序

近接崔君存明电话，承他厚意告知，其文集《学惟求新：传统文化的现代转型与重构》已经编定，将在中华书局出版，因此约我写一篇序。

存明和我已有二十余年学术友谊，所以对我来说，自然义不容辞。存明问我是否将书稿寄我一阅。我因近来视力每下愈况，用放大镜看书报都很吃力，难以持久，所以看全部书稿是做不到了。于是，他把文集目录发来给我看。全书分为七个大标题，每个标题下各收列三四篇文章。关于这些，读者诸君打开书就可看到，不需我多说。

我所想说的是，仅从七大标题来看，读者就会发现这本文集所涉及的学术面是相当广阔的。而且从全书题目与七大标题来看，其间还显出学术研究中常有的张力，例如古与今之间的张力，中与外之间的张力，宏观与微观之间的张力等。为什么会如此呢？孟子曾说："读其书，不知其人，可乎？"这里，请容许我对存明治学从师以及个人性格与工作条件等方面的情况做一些简要的介绍。

上个世纪90年代后期，存明在北京师范大学史学研究所从我修读中国古代史（中西比较研究方向）的硕士学位。当时就知道他爱想问题，兴趣广泛，动笔敏捷，自信心强，才有不羁之气。取得硕士学位后，他曾到商务印书馆工作了一段时期，以后考进首都师范大学从白奚教授修中国哲学史博士学位，治先秦诸子，获得博士学位（他的博士论文已作为专书出版）。以后，他就教职于北京印刷学院。存明仍不以此为满足，以后又以在职教师身份到北京大学从朱凤瀚教授研习甲骨、金文、历史文物之学。

看来文集涉及面所以能如此之广，乃存明转益多师的结果，他的研究领域在若干方面已经超出我之所能。据我所知，存明还有翻译作品以及介绍西方史学理论的一般读本出版。他的确是一位多面手。记得我曾问他，你为什么涉及诸多方面？他说，在印刷学院往往要开比其他一般大学历史系方面更多的课程，也要参加许多历史学以外的学术会议，为了参加学术会议，他也必须撰写多方面的文章。不过，存明并不以此为苦。他还尽量节省生活费用，大量购书、藏书，以书为乐。他甚至和我商量，希望我帮助他练习书法（看来与学甲骨、金文有关），学习作古代诗词（看来与深度理解中国古代文化有关）。我对他能够理解，不过终于因为一个人的时间精力总是有限的，所以未能实现。以上我所介绍的情况，可能会有助于读者诸君对存明此书的理解。

我国历史学界通常会有两种情况，或务专，或务博。务专可以出专家，这当然好；不过，如果陷在一个狭小的范围里出不来，那就不好了。务博可以出通家，当然也好；不过如果长期奔波于不同领域之间，那就会出现施力大而压强小的问题，那也就不好了。孟子主张，为学要"由博返约"。其实我自己也有兴趣多而精力不足的问题。关于这一点，我和存明也多次谈过，他也有同感，并力求有所改进。愿与存明共勉之。

2021 年 1 月 26 于北京师范大学寓庐愚庵

社会转型与文化重构

# 社会转型与文化重构

近代以来，中国社会经历着从农业文明向现代工业文明的重要转型。1923 年，梁启超《五十年中国进化概论》把国人对于这一转型的早期认知过程总结为：器物层面——制度层面——文化层面。这一总结让我们透过波澜壮阔的社会历史变迁画卷，认识到文化转型在整个社会现代化转型中的重要性。然而，此后中国社会的现代化转型并没有完全按照梁启超的思路继续进行，而是出现了历史主题的交错与反复：1949 年前重走制度层面的艰难转型，直到新中国成立始告初步完成；从 1949 年到 20 世纪末，补课器物层面的现代化，探索经济转型；21 世纪初至今，文化的现代化转型主题重回历史舞台中央，社会转型与文化重构的互动成为现代化进程中的关键任务。因此，及时总结中国历史上社会转型与文化重构的成功经验，对于顺利完成当前的历史使命具有重要意义。

从长时段历史分析的角度看，迄今为止中国历史上主要出现过三个重要的社会转型与文化重构时期：春秋战国诸侯争霸、百家争鸣到秦统一天下、汉以后独尊儒术；魏晋南北朝的长期分裂、儒道释相互争鸣与唐宋新儒学的更新，以及明末清初以来的西方殖民入侵与西学东渐对中国持续至今的影响。在这三个典型社会变动时期，前两期都实现了社会转型与文化重构的良性互动。通过对前两期的成功经验的总结，将会对我们当下正在面临的第三期社会转型与文化重构提供历史经验与现实启示。

## 一、文化传承与创新的互动

春秋战国是第一期社会转型与文化重构时期。这一时期，中国社会经历了由西周统一的宗法社会到春秋战国诸侯争霸的分裂时期，以及战国末年由分裂走向中央集权的转型过程。与此同时，由于西周时期的礼乐文明遭到破坏，为了适应社会转型提出的新时代问题，思想家开始思考新型思想文化的建构。春秋战国思想文化重构运动的结果是选择儒家文化作为中国文化的主干。儒家文化之所以能在汉代以后独尊天下，是因为从孔子开始就不断针对社会转型提出的时代主题，建构新的价值观念。

针对当时传统宗法社会秩序崩溃的现实，孔子提出了适应新时代人际关系的新观念"仁"，这无疑是对传统观念的重大革新。同时为了弥补新旧观念交替时期社会规范的空白，避免社会秩序混乱，孔子继承三代精神传统中的"礼"，来保证剧烈变动中的社会生活相对秩序与稳定。由此揭开了思想文化传承与创新结合的儒家式文化更新运动序幕，其后经历了孟子对仁观念的完善，荀子对礼观念的推进，最终使儒家的仁、礼思想在完成观念革新的同时，也形成了仁的创新与礼的规范互为条件、互相促进的完美张力模式，成为汉代以后中国文化在平衡有序中不断开拓创新的文化根源。

在春秋战国第一期社会转型与文化重构过程中，儒家方案最终被历史选择的重要原因就是把握住了文化传承与创新的互动关系，形成了观念更新与继承传统的张力平衡，即后世学者所概括的"仁—礼张力"模式。因此，在当前的文化重构中，应该在继承传统文化中合理因素的情况下，实现符合新时代精神的观念创新。例如传统的仁礼学说往往以道德教化为主要实现方式，但是到了现代社会，无处不在的竞争意识常常会使这种以德服人式的说教显示出"道德无力"的困境。面对这样的伦理困境，我们可以将现代的法治思想注入传统的礼治观念中，来保证传统的仁民爱物核心理念实现现代转化。

## 二、外来文化的本土化与本土文化的综合创新

魏晋唐宋是第二期社会转型与文化重构时期。这一时期，中国文化吸收改造佛学形成了以禅宗为代表的佛教本土化宗派，同时通过援佛入儒，实现了宋代新儒学革新。在这一时期，中国社会又进入一个长期分裂状态。由于长期战乱的纷扰，兼以名教的衰落，人们急于寻找内心的宁静和精神寄托，于是佛教在中国得到广泛传播。随着隋唐的统一，社会从分裂重新走向整合。与之相适应，中国文化对外来文化采取了吸收和转化的工作，成功引导了儒道释三教合一，在保证中国传统文化主干地位的同时，不断地把佛学思想与中国文化相结合，形成了中国化的佛教宗派：天台宗、华严宗与禅宗。到了宋代，儒家学者吸收改造佛学思想，特别是学习佛学思想中的逻辑思维精华，从心性角度全新诠释儒家思想，形成了新儒学。至此，长期社会分裂趋势得到了重新校正，也完成了儒家文化的与时更新。

此后，虽然中国依然面临着辽宋夏金并立的局面，但是由于新文化产生凝聚效应，民族国家的向心力不断加强，以至于文化落后的少数民族即使依靠武力征服而入主中原，也要接受先进的中原文化，在文化上被反征服。这种文化创新的活力最终陶铸了中华民族的精神品格。当近代中国遭遇西方殖民主义入侵时，中华民族的这种文化凝聚的精神品格，更显示出强大的民族独立与自强不息的精神，经过一个多世纪的奋勇抗争，建立了完全独立的现代国家，独立自主地走上现代化道路。

魏晋唐宋时期文化重构的主要经验在于对外来文化处理。这种处理的成果有两个方面：一是实现了外来文化中国化，如以禅宗为代表的中国化佛教宗派的形成；二是利用外来文化的先进因素，改造更新本土文化，如宋代利用佛学改造传统儒学，形成新儒学。以此为鉴，在当前的文化重构中，我们对于外来思想文化，应该继续结合中国实

际，形成中国化之新成果。这方面已经取得的最重要成果是马克思主义中国化。以此类推，我们还可以实现西方哲学中国化、西方艺术中国化等等；同时，当前更重要的文化重构任务是像宋代利用佛学精华诠释传统儒学形成新儒学一样，充分利用西方文化中的先进因素，实现中国传统文化在现代化背景下的又一次与时俱进式的全面更新。

### 三、主体意识觉醒与化成天下

当下中国正在面临全球化背景下的第三期社会转型与文化重构。根据本土历史经验以及西方国家的先期现代化经验，这一时期社会转型与文化重构的成功首先要实现文化主体意识觉醒，其次是形成解决全球化面临的共同问题的文化能力。正如《易传》所谓"观乎人文，以化成天下"。

从西方现代化经验来看，现代化转型的最终实现必然要经历思想觉醒、政治革新与经济模式更新的全面现代化。笛卡尔"我思故我在"开始的主体性觉醒，可以说是西方从思想文化上走上现代化征程的重要节点。这之前有文艺复兴对中世纪文化反思的铺垫，此后有启蒙运动对现代化意识政治革新意义上的全面普及，由此引发了经济、技术全面现代化的潮流。因此，西方社会向现代转型的规律是由思想文化先导，引发政治经济全面现代化。

如前所述，中国社会的现代转型似乎走了一条与西方次序不同的道路，属于汤因比式的"挑战—回应"模式，是在落后挨打的刺激背景下，寻求向西方学习富强之路而引发的。中国对现代化规律的认识，始于对西方坚船利炮等先进器物与技术的接触，是从物质层面到制度层面再到文化层面，经过80余年的层层深入的探索，才认识到文化转型的关键性作用。

《易传》有言"天下同归而殊途，一致而百虑"，尽管中国近代面临的独特历史与国情，导致我们从农业文明向工业文明的转型进程出现了不同于西方的主题次序的反复与交错，但是最终必然要实现同西方内容相同的政治、经济与文化全面现代化转型。我们目前面临的第三期社会转型与文化重构已经成功进行了政治、经济层面的转型，当前正在走向以思想文化重构为主题的关键阶段。因此，在当前全球化背景下，对照西方社会现代化转型的全景经验，中国文化要真正实现与社会转型互动发展的重要标志就是实现文化主体意识的觉醒。所谓文化主体意识觉醒就是要在把握中国文化主体性的前提下，实现文化现代化的转型与重构。文化主体意识觉醒后，进一步实现中国文化现代化重构成功的重要标志是要看我们能否以中国式的智慧、现代化通约性的表述方式，回答整个人类社会走向现代化征程以来所面临的共同问题——诸如科学与人文的关系、能源枯竭与环境污染等问题——并得到世界性的普遍认同。

（原载《光明日报》2013 年 8 月 6 日）

# "天人相参"与理性的救赎

近代以来，以"知识就是力量"为先导的启蒙理性开始成为人类征服自然与改造自然的思想基础，最大程度释放了人的生产能力与创造能力，带来了现代化的巨大成就。然而，随着现代化程度的不断深入，其负面影响也日渐成为阻碍人类走向更高发展层面的巨大障碍。与启蒙理性驱动下形成的"征服自然"理念相比较，中国传统天人关系思维中的天人相参思维可以裨补西方理性至上思维的缺陷，为解决当前人类共同面对的现代化问题提供中国式解决思路。

## 一、从道法自然到天人合一

王国维《殷周制度论》有言，"中国政治与文化之变革，莫剧于殷、周之际"，精确地概括了殷周时期中国古代社会所经历的剧烈变革。历史上每次重要的社会变革最后必定要体现在制度与文化的革新上，殷周之际的重要社会变革体现在文化更新方面的重要内容就是传统天人关系的革新与重构，其结果是到战国末年形成天人相参思维。天人相参思维的早期逻辑演变过程先后经历了由天命至上向道法自然的转变、由道法自然向天人合一的演进。

在西周以前，天是神圣之天与义理之天的结合，是人与自然的共同主宰。经历殷周之际的社会历史剧变之后，周人深刻反思商朝失败原因，认为殷商由于不行德治而失天命导致灭亡。殷鉴不远，故西周时期特别重视天命观念。随着周人理性思辨能力的进一步加强，《尚书》提出了"天命靡常"的疑问，开始对天的神圣属性产生质疑，进而提出"以德配天"的新思路，打破了传统天人思维中神圣之天与义理之天并重的均衡。随着以宗法制为基础的西周家天下权威的日渐衰落，这种天命怀疑论思潮不断发酵，人们开始逐渐以理性为工具，对神圣主宰之天的权威进行全面的祛魅运动。这种思潮发展到极致，由道家提出了"人法地、地法天，天法道，道法自然"的思想，完全褪去了天的神圣外衣，让其从属于道与自然，在天人关系中完成了从神圣之天与义理之天共同作为人与自然的主宰向理性之天单独作为人与自然主宰的转变。有鉴于此，我们就可以准确理解胡适提出的著名"老子革命论"：老子的道法自然从信仰的层面对传统社会进行了思维革命，让理性取代神圣性成为人与自然的主宰。此后，法家更是进一步把理性原则功利化。

以道家、法家为代表所发轫的以理性取代天之神圣性的思维革命，确实曾经带给那些怀有兼并天下野心的诸侯国立竿见影的效果。然而，神圣传统的失落，一方面造成了社会秩序的混乱，天下陷入诸侯争霸的连年战乱而不能自拔；另一方面也造成了社会伦理底线的失守。正如孔子所见，春秋战国时期礼崩乐坏，人们在现实生活与精神层面上被双重放逐天外。痛定思痛，思想家们开始结合新的时代主题对理性至上进行反思，为恢复社会稳定与心灵宁静寻找新的理论根据。

孔子通过恢复周礼，开启了重新寻找历史人文传统中合理因素来服务于时代需求的先河，同时提出仁作为调整社会秩序的新观念，为理性与传统和解打开了方便之门，也为进一步寻找失落的崇高奠定了基础。由于孔子处于理性至上的鼎盛时期，所以在天人关系上保持了谨慎的态度："子罕言性与天道"。他关注的焦点是现实生活中伦理与秩序的重建。孟子继承孔子恢复传统与开拓创新相结合的思维模式，进一步从思维观念重建的角度提出"尽性知天"的思路："尽其心者，知其性也，知其性则知天矣"。孟子从内在的性善论出发，将知天（即把握天道）作为人类性善修养的归宿，这样就为孔子发轫的伦理重建运动寻找到了精神家园，从而在新的历史条件下为理性思维与神圣意识重新找到和解之道，以此来救治理性滥用对世道人心所造成的破坏。孟子的智慧被后世学者继承并不断发展完善，最终形成了天人合一的哲学表述，成为中国传统天人关系思想的标志性理念。

## 二、从天人之分到天人相参

发轫于孟子的天人合一观念实现了对理性滥用反思的理论突破，在此基础上，以荀子为代表思想家们进一步在实践层面对理性至上思维进行清理与修正，将天人合一观念内化于具体的社会实践原则中，形成了天人相参思维。

荀子对天人相参思维的论述，从提出"天人之分"观念开始。长期以来，人们望文生义，把荀子的"天人之分"错误解读为"天与人相分离"，进而引申出"人定胜天"理论。其实荀子从来没有说过"人定胜天"，他只讲天人相参。准确理解荀子"天人之分"的关键在于"分"之含义不是动词"分离"，而是名词"职分"，因此"天人相分"是指天和人各有不同的职责，要各自按照自己的规律去运行，天不能随意降祸赐福于人类，人也不能影响天的正常运行。荀子的天人之分，既保留了经过孔孟反思界定的理性思维革命的成果，又重新确定了理性使用的范围。

完成对理性使用范围的重新划界后，荀子又将人的主体性引入天人关系思维中，形成天人相参思维。这一过程又分为二步：首先，在界定天人之分的基础上，进一步界定出天地人之分："天有其时，地有其财，人有其治，夫是之谓能参"，指出天有四时变化，地有万物出产，人能治理社会，三者既各自独立，又相互补充。其次，突显人的主体性："君子者，天地之参也，万物之总也，民之父母也。无君子则天地不理，礼义无统"，这就在分清天地人关系的基础上，指出人可以与天、地相参，强调了人的主体性地位，人要合理利用理性来处理天地人三者之间的和谐关系。因此，荀子论述的天人相参向上将理性原则注入到神圣之天中，使神圣之天与义理之天重新握手；向下将理性原则转换成礼义之统，注入到人的主体性觉醒中，从而使人的主体活动在把握好自我界限的基础上，在实践活动中实现天地人和谐互动，共同发展。

正如《中庸》所言："唯天下至诚，为能尽其性；能尽其性，则能尽人之性；能尽人之性，则能尽物之性；能尽物之性，则可以赞天地之化育；可以赞天地之化育，则可以与天地参矣"，中国式天人相参思维，可以在把握好自然界永恒规律的基础上，对自然界保持敬畏之心，合理的运用自然资源，在与自然界的共生互长中实现人与自然的动态平衡发展。这一模式可以为解决由启蒙理性所引发的现代化问题提供中国式思维智慧。

### 三、天人相参与现代化弊病的中国式救赎

天人相参思维之所以能够裨补主导现代化进程之启蒙理性的缺陷，是因为天人相参思维的形成与启蒙理性的演变有着相近的历史背景：二者都面临着社会形态的转换，以及与之相适应的文化重构。形成于春秋战国时期的天人相参思维，是针对中国社会由西周统一的宗法社会，经历春秋战国诸侯争霸的分裂时期，到战国末年走向中央集权的转型过程，而逐渐形成的对人与自然关系的思想更新与文化重构结果；启蒙理性则是近代人类面临着由传统的农业社会向近代工业社会的形态转换，在科学技术飞跃发展的支持下实现的思维革新。因此，分析与把握天人相参思维的历史发展与逻辑演变规律，将为我们今天摆脱现代化困境提供有益的借鉴与启迪。

肇始于近代西方的现代化进程使人类完成了从农耕文明向工业文明的迅速转型。随着现代化进程的深入发展，人们在征服自然的旅程渐行渐远的时候，也开始受到自然的反抗。今天我们正面临着由于环境污染、资源枯竭等现代化问题引发的生态危机，日渐严重的生态危

机甚至开始威胁到人的生存。这些现代化问题产生的根源是在启蒙理性主导下形成的征服自然理念。这种理念是对西方哲学二元对立思维传统的反动：在摆脱中世纪神学思维束缚后，启蒙理性进一步解决西方二元对立哲学传统造成的物我两分，采取了人对物的主—奴式思维，用人的一元主宰思维强行弥合了二元对立思维，从而在带来现代化成果的同时也导致严重的负作用。面对二元对立与一元主宰交错影响下的西方思维所形成的困惑，中国式的天人相参思维提供了一种三元生成的新思路。在这种三元生成思维下，西方的人与自然二元关系被扩大到人与天（道）、人与自然（地）的三方二重关系链条中。这样就在处理人与自然关系的时候，多了一层人与天道（包含神圣性与理性的双重内涵）的关照，就可以避免片面追求效率而牺牲长远利益的弊端；同时，人作为天道与自然的中介，主动把握二者的不同规律，然后共同参与天道与自然变化与生成过程，保留了现代化进程中人的主体性觉醒的思维进步成果。

综上，中国古代天人相参思维形成过程中所面对的社会剧烈变革历史背景，与我们当前所经历的现代化高歌猛进有着惊人的相似之处。与此相应，时空交错中的思想家运思路径也多有相合之处。正如陆九渊所言："东海有圣人出焉，此心同也，此理同也；西海有圣人出焉，此心同也，此理同也"，面对现代化所引发的近代社会转型与文化重构，作为西方哲学史上哥白尼式革命的始作俑者，康德曾言"有两种事物，征服了整个精神的历史，我们愈是思索，就愈难以抑制赞叹和敬畏：头上的星空和心灵的法则"，表达了与中国传统天人相参思维同样的精义。因此，我们要善于将古今中西的经验加以融会贯通，取长补短，为解决当前人类共同面临的问题提出极高明而道中庸，极广大而尽精微的创新思维。

（原载《光明日报》2014 年 5 月 14 日）

# 知识分子身份认同的三重境界

中国当前正在经历着发达国家曾经经历过的新旧思想观念交替时期的伦理困境。现代化成功经验表明，在社会转型与思想文化重构双向互动的进程中，知识分子对社会与国家责任的担当成为关键。因此，借鉴西方先期现代化国家的成功经验，唤醒中国知识分子担负社会与国家责任的身份认同意识就成为重要的历史使命。《荀子·儒效》所谓"故有俗人者，有俗儒者，有雅儒者，有大儒者"，对于不同层次儒者的区分可以为我们借鉴西方经验，挖掘传统思想资源，实现新时代知识分子的中国式身份认同提供历史启示。

荀子所说的"俗人"，是指不愿意学习，没有社会正义感，把求取财富当作自己最高目标的人。这类人不属于知识分子范畴。因此，荀子实际上把儒家视野中的知识分子分成了三个层次：俗儒、雅儒与大儒。

所谓俗儒是指声称以古代圣贤为楷模，粗略地掌握了一些历史知识，借以沽名钓誉，混口饭吃的人。荀子对俗儒的界定实际是对孔子批判的"乡愿"，以及"不做小人儒"思想的综合。这应该成为中国现代知识分子的借鉴与警示。西方国家在现代化启蒙进程中，由于长期禁锢人性的中世纪神本文化的解体，社会失去了旧有秩序，出现伦理堕落与道德滑坡，一些读书人无视道德底线，开始把知识当作获利手段，甚至不惜钻法律空子，唯利是图，败坏了社会风气。于是以启蒙思想家为代表的新时代知识人，用人本观念代替神本，用理性建立起新时代的正义与道德，并以身作则建立起新的知识分子精神。这种知识分子精神的特点是以主动承担社会道义的身份认同方式表现出来的，正如卢梭所说"在我们的灵魂深处生来就有一种正义和道德的原则"。中国当前社会转型中经历着西方现代化进程中曾经经历过的伦理困境，树立起中国式知识分子精神的第一步就是要不做唯利是图的俗儒。因此，摆脱俗儒境界，具有理性主宰的正义和道德原则是当代知识分子身份认同的第一重境界。

所谓雅儒是指以近世圣贤为榜样，汲取近代的历史经验，解决现实问题，但是不能贯通古今，从长远发展的角度解决问题的人。在现代化历史上英国的功利主义者，以及美国的实用主义者就是这类知识分子的代表。他们善于快速学习先进国家经验，注重现实的效率与建功立业。由于这些人学习了最先进的经验，因此很快就会做出立竿见影的成就。但是物极必反，过分高效的成就往往是以牺牲长远利益为代价的。后现代主义所揭示的诸如环境污染、能源枯竭等现代化弊病就是生动的例证。因此，荀子雅儒之论隐含着知识分子要摆脱急功近利思想的第二重身份认同境界。

所谓大儒是指真正以古圣先贤作为榜样，把握历史规律，以长远规划思想解决现实问题的人。这是荀子心目中真正的知识分子形象。荀子大儒思想的重要意义在于以圣贤的精神气象为目标，追求圣贤的精神境界。这实际上是对儒家修齐治平思想的继承与发扬。《汉书·董仲舒传》所谓"正其谊不谋其利，明其道不计其功"，正是荀子心目中真正的知识分子形象的写照，这应该是现代知识分子身份认同的第三重境界。

《左传》有言："太上有立德，其次有立功，其次有立言。"现代知识分子要担负现代化的精神转折，就要以立德的精神追求为理想，避免功利思想与名利诱惑，担负起"为天地立心，为生民立命，为往对继绝学，为万世开太平"的神圣使命，在完成中国特色现代化的历史进程中实现自我身份的认同和自身形象的塑造。

（原文部分以《儒者三类》为题发表于

《人民日报》2013 年 7 月 25 日）

传统学术范式的反思与重构

# 《尚书》古无定本说

司马迁《史记》有言："孔子之时，周室微而礼乐废，《诗》《书》缺。追迹三代之礼，序《书》《传》，上纪唐虞之际，下至秦缪，编次其事。"① 班固《汉书》言："《书》之所起远矣，至孔子纂焉，上断于尧，下迄于秦，凡百篇，而为之序，言其作意。"② 由马、班所记可知，《尚书》作为"上古之书"所载史事从传说中的尧舜时期，到春秋中期的秦穆公时代，时间跨度约1500年③。《尚书》也因此成为中国古代最为古老的经典之一④。《尚书》自孔子选定为儒家六艺的组成部分，到

①司马迁，《史记·孔子世家》，北京：中华书局，1959年，第1935—1936页。
②班固，《汉书·艺文志》，北京：中华书局，1962年6月，第1706页。
③这里仅从文本内容的角度理解，至于经疑古派考证并被大家普遍接受的《尚书》前三篇，即《尧典》、《皋陶谟》、《禹贡》著作时代是春秋战国（说见顾颉刚，《论〈今文尚书〉著作时代考》，载《古史辨》第一册，上海：上海古籍出版社，1982年，第201—202页；郭沫若，《先秦天道观之进展》，《郭沫若全集》〔历史编第一卷〕，北京：人民出版社，1982年，第317页；徐旭生，《中国古史的传说时代》〔增订本〕，北京：文物出版社，1985年，第26页）的观点，说明这三篇作品的内容是战国时候根据当时所能见到的历史材料和神话传说描绘的上古时期历史。这样构建出的古史传说时代，有神话的成分，也不可否认会有经过世代口耳相传和文字记录的真实历史内容。因此，不能因为著作时代与其所记录的历史不在同一个时代，就断然判定著作所记录的内容全部是错误的。
④刘起釪先生就认为"我国最早的一部历史文献就是《尚书》"。见氏著，《尚书学史》（订补修订本），北京：中华书局，2017年，第1页。

汉代确立为儒家六经之一，更加显示出其在中国学术史上的重要地位。然而由于秦火，以及汉唐之际的历史分合剧变，导致了这部历来被认为诘屈难懂的古书产生了诸如今古文之争、真伪之辨等重大历史公案。这些公案的存在，使我们后世准确理解《尚书》，利用其历史智慧受到限制。因此，每当有新理论产生或者新材料的出现，学者们就不断为解决这些《尚书》研究史上的遗留问题而努力。这种努力常常是在新材料与新方法的启示下，对古书整体进行反思的背景下进行的。20 世纪初期，由于西方学术范式对中国学术产生的深远影响，以古史辨派为代表，接续清代疑古思潮形成了第一次全面反思古书的思潮。20 世纪 70 年代以来，由于考古学在中国的长足发展，大量涌现的出土文献引发了对古书的第二次反思。近来，又有学者提出古书反思进入第三个阶段的说法①。在每一次古书反思中，《尚书》都是重要内容之一。如果把古史辨派看作是清代辨伪学的继承与发展的话，《尚书》则毫无争议是最重要的主题，而所谓"伪古文《尚书》"的定案，一直被认为是古书反思与辨伪史上的代表性成就。按照"以 2010 年《清华大学藏战国竹简》第一册整理出版为界标，学术界对古书的反思开始进入第三个阶段"② 的观点来看，在刚刚开启的第三阶段的古书反思进程中，《尚书》则又成为中心话题之一。这是因为在清华简中发现 9 篇较为完整的《尚书》类文献，这些新发现的《尚书》文献引起了新一轮

---

① 有学者总结上世纪至今古书的反思有三次高潮。参见杜勇《从清华简〈说命〉看古书的反思》（载《天津师范大学学报》社会科学版，2013 年第 4 期）总结的三次反思："唐以来的古书辨伪工作，始如涓涓细流，终于出现像《尚书古文疏证》这样的巅峰之作。上世纪二三十年代，疑古派承接其流，掀起了现代学术史上第一次古书反思的高潮，以古书辨伪、史料求真为宗旨，广考传世古书，使学术价值大受怀疑。到了七十年代以后，随着银雀山汉简、马王堆帛书、八角廊汉简、睡虎地秦简、双古堆汉简、张家山汉简、郭店简、上博简的相继出土，使人们对古书的形成与流变有了新的认识，于是在八十年代开始出现了第二次对古书的反思，其学术走向是不以真伪论古书，着力古书辨伪方法本身的检讨，平反疑古辨伪造成的冤假错案……清华简的发现，带来了反思古书的历史性转折。以 2010 年《清华大学藏战国竹简》第一册整理出版为界标，学术界对古书的反思开始进入第三个阶段。"

② 杜勇，《从清华简〈说命〉看古书的反思》。

《尚书》研究的热潮。因此，本文拟从总结前两次古书反思的经验与不足的基础上，对经历过二次古书反思洗礼的《尚书》文本研究进行初步的理论总结，以求有助于促进当前古书反思背景下的《尚书》研究，不当之处，请方家指正。

## 一、古书反思：《尚书》文本研究的起点

从学术思想演变的角度梳理近一个世纪以来所经历过的二次古书反思，都是渊源有自：第一次反思是在继承发轫于唐宋、盛行于清代的疑古思潮基础上，结合西方学术思想的新启发形成了古史辨派；第二次反思是根据出土文献提供的新材料，对第一次古书反思的结果进行修正与发展，目前来看主要的成绩是"其学术走向不以真伪论古书，着力古书辨伪方法本身的检讨，平反疑古辨伪造成的冤假错案"①。因此，当前经历的第三次古书反思也要在对前二次古书反思基础上，特别是在充分吸收第二次古书反思成绩基础上展开。这也是作为新一轮古书反思中心内容之一的《尚书》研究的基础和出发点。

在第二次古书反思的历程中，有三位学者的工作具有一定的代表性：余嘉锡、李学勤和李零。余嘉锡先生是较早开启古书第二次反思的先行者，其著名的《古书通例》一书，就是抛开对古书真伪二分法，通过对古书成书与流传复杂情形的探索，为我们全面认识古书总结出若干通例，便于把握。余先生《古书通例》开篇在论述"欲研究中国学术，当多读唐以前书，则固不易之说也"②。这实际上向大家说明了他所提出的治学"守约施博执简御繁之道"，其实也是说明他所谓古书的大致时代范围。余先生接着从论述古书"欲分真伪，则有三法，亦

---

① 杜勇，《从清华简〈说命〉看古书的反思》。程浩先生对于古书反思第二个阶段的重要学者及其成果做了系统的整理，大家可以重点参考，参见程浩，《古书成书研究再反思》，《历史研究》，2016 年第 4 期。

② 余嘉锡，《目录学发微》（含《古书通例》），北京：中国人民大学出版社，2004 年，第 171 页。

有三难……据史志目录以分真伪不尽可凭也，其难一也。……即本书记载以分真伪之法，容有未尽也，其难二也。……援群书所引用，以分真伪之法，尚非其至也，其难三也"，总结当时正如火如荼的古书辨伪的三种主要辨伪方法都存在问题，进一步认为"以此三难，是生四误"①。为了解决简单的真伪二分法带来的问题，余先生提出"一时有一时之文体，一代有一代之通例。参互考较，可以得其情；排比钩稽，可以知其意"②。然后，他分别从"案著录"、"明体例"、"论编次"、"辨附益"四个方面，将古书体例总结为"诸史经籍志皆有不著录之书"、"古书不题撰人"、"秦汉诸子即后世之文集"、"古书单篇别行之例"、"古书不皆手著"……等共 11 个所谓"通例"。这些通例提出若干年后，大多数得到了出土简帛古书的验证③，充分证明这些"通例"的重要学术价值。正是余嘉锡先生的这一方法启发了人们对古书成书复杂情况的重新审视，并逐渐搁置简单的真伪二分的辨伪思路，对此后的古书研究产生了深远影响。

李学勤根据大量简帛书籍发现，提出古书第二次反思的说法，并把简帛古书与现存古书比较，提出古书产生和流传过程中的十种情况："第一，佚失无存。第二，名存实亡。第三，为今本一部。第四，后人增广。第五，后人修改。第六，经过重编。第七，合编成卷。第八，篇章单行。第九，异本并存。第十，改换文字"。进而认为"对古书形成和传流的新认识，使我们知道，我国古代大多数典籍很难用'真'、'伪'二字来判断的"④。

李零认为"研究古书体例，余嘉锡做过精彩的论述，但缺乏实物佐证，难成定论。这里根据出土发现，在余先生的基础上，重新试做

①余嘉锡，《目录学发微》（含《古书通例》），第 173—174 页。
②余嘉锡，《目录学发微》（含《古书通例》），第 175 页。
③参见顾史考，《以战国竹书重读〈古书通例〉》，载《简帛》第 4 辑，上海古籍出版社，2009 年，第 425—442 页。
④李学勤，《对古书的反思》，载《简帛佚籍与学术史》，南昌：江西教育出版社，2001 年，第 28—32 页。

归纳"①。李零在余嘉锡《古书通例》基础上，根据出土发现重新提出八条古书体例特征："（一）古书不题撰人。（二）古书多无大题，而以种类、氏名及篇数、字数称之。（三）古书多以单篇流行，篇题本身就是书题。（四）篇数较多的古书多带有丛编性质。（五）古书往往分合无定。（六）古书多经后人整理。（七）古书多经后人附益和增饰。（八）古人著书之义强调'意'胜于'言'，'言'胜于'笔'"②。

综上所述，李学勤先生和李零先生研究的共同特点是结合出土发现，对余嘉锡先生所首倡的古书通例进行了验证和新的概括。经由三位学者的接力研究，古书反思第二阶段最重要的成果就是让大家充分认识到古书成书与流传的复杂情况，不再简单地思考真伪问题了，而是在探讨古书的具体特点基础上，科学准确地利用地上与地下材料。杜勇先生提出"古书反思第三阶段"，是结合近年梅本古文《尚书》辨伪工作加以论述的③。李零先生曾经强调："古书流传是一种相当复杂的过程，著录对它的反映很有限。如果我们不能通过有关'文本'的研究建立一些必要的支点，仅靠著录本身，是说明不了多少问题的"④。本文以《尚书》文本研究为切入点，提出"《尚书》古无定本说"概括古书文本的一般规律在《尚书》文本演变中的呈现方式，尝试为以《尚书》研究为代表的新一轮古书反思走出疑古思潮形成的思维定势，建立一个文本理论的新支点。

---

①李零，《出土发现与古书年代的再认识》，原载《九州学刊》（香港）第 3 卷第 1 期，1988 年，第 105—136 页；又收入《李零自选集》，桂林：广西师范大学出版社，1988 年，第 22—57 页；又收入梁涛、白立超编，《出土文献与古书的反思》，桂林：漓江出版社，2012 年，第 44—77 页。

②李零，《出土发现与古书年代的再认识》。

③杜勇先生提出"以 2010 年《清华大学藏战国竹简》第一册整理出版为界标，学术界对古书的反思开始进入第三个阶段……从近年关于梅本《古文尚书》的辨伪工作看，依据出土文献对古书的反思，有三个问题需要我们高度重视。第一，科学认识前人的辨伪成果。第二，辩证分析传统的辨伪方法。第三，正确把握古书的辨伪维度"。见杜勇，《从清华简〈说命〉看古书的反思》。

④李零，《关于〈孙子兵法〉研究整理的新认识》，《古籍整理与研究》1987 年第 1 期。

## 二、《尚书》古无定本现象的历史演变

所谓"《尚书》古无定本"是指在唐《五经正义》成书之前，《尚书》有多个文本先后交错流行，并没有一个稳定的文本长期占据学术史的主导地位。这里所说的"古无定本"是指在唐代《五经正义》出现以前《尚书》没有定本。这一说法是在总结前二次古书反思成果的基础上，结合出土文献，对《尚书》文本演变提炼出的一个规律性认识。如上文所述，余嘉锡、李学勤、李零等先生都对疑古思潮影响下的古书研究进行了卓有成效的反思。这些反思的一个共同特点，就是都看出了疑古派对古书真伪二分思维的简单化缺陷，进而尝试以历史发展的眼光重新恢复古书成书与流传的复杂情况。这其中，余嘉锡先生主要根据传世文献对古书体例进行了历史还原式的研究，李学勤、李零则是根据近年大量的出土简帛文献与传世文献对比研究，尝试还原古书成书及其历史演变的特点。三人分别做了理论概括，分别提出了古书通例 11 条（余嘉锡），古书成书流传的 10 种值得注意的情况（李学勤），以及结合出土文献对余嘉锡的古书通例重新归纳为 8 条体例（李零）。综合分析这三家对古书体例的还原式研究，可以发现共同的特点是都认为古书从作者、篇章结构及内容组成等方面都是变化不定的。在这些理论的启发下，《尚书》文本的历史演变就可以用"《尚书》古无定本"说来概括。下面就分为几个不同的历史阶段来考察"《尚书》古无定本"的演变规律。

第一，春秋时期之前的《尚书》是史官记录王者敷政之语，属于较为原始的官方施政言行的档案，没有形成可以流行的文本形式。《礼记·玉藻》："（天子）玄端而居，动则左史书之，言则右史书之。"《汉书·艺文志》"古之王者世有史官，君举必书，所以慎言行，昭法式也。左史记言，右史记事，事为《春秋》，言为《尚书》。帝王靡不同之"。这种每一言、每一事都记录下来，只能是原始的文献记录。这与我们后世逐渐形成的围绕不同的主题，精炼叙事的典谟训诰等形式

的《尚书》有着明显的不同。就像同甲骨文、敦煌藏经洞遗书、居延汉简一起被称为近代古文献的"四大发现"之一的明清档案，不能等同于任何一部《清史》一样，这一时期作为帝王"言"、"动"的原始记录文献，并没有形成定本《尚书》。虽然《尚书·多士》云"惟殷先人，有册有典"，这时的"册"与"典"也只能是原始记录的装订成册。这里所说的典、册，以及在其上面所记录的言、事，应该大部分都是后来的《书》的内容，当然也有一部分是《春秋》的内容。这里还要注意一点，这时一般把后来称为《尚书》的文献称为《书》，而且这个《书》还并不是专指后来所谓《尚书》，而是包括所有经过史官之手"著于竹帛"形成典册的文献，包括汉代以后所谓"五经"者，在当时都可以笼统地称为《书》。所以，我们在阅读春秋之前的典籍，遇到"《书》曰"时，不能简单地等同于"《尚书》曰"，这里的《书》有可能指的是《春秋》，也有可能指的是《礼记》，也有文献例证说明还有可能指《诗经》①。这就足可以看出，在这一时期，《尚书》是多个类别的一手史料汇编，而且内容十分庞杂，因而不可能有固定版本。

第二，春秋战国至汉代，是专名形成时期的《尚书》，经历了官学文献与私学教本等不同形式交互呈现的历程。这一时期，《尚书》随着王朝历史剧烈变动，也经历了从官方独有到散入民间成为私学授受的重要内容之一，再到汉代独尊儒术后成为官方显学之一的过程。这一时期，与诸侯争霸相伴的百家争鸣，促使学术也开始日益分科专业化发展，原来史官记录的包含多种学科内容的《书》这时候也分离出《诗》《书》《春秋》《礼》《易》等不同的学科，各学科也都有专门的范围。"既然各种不同体裁的历史记载都有了自己的专名，于是原来作为各种史官记载通名的'书'就剩下来专指'记言'的词、诰类书篇。于'书'就由各种史籍通名，变成词诰之类记言体的专名"②。这里要注意的是，这时专名是《书》，至于以《尚书》为专名则是汉代才有的

---

① 刘起釪，《尚书学史》（订补修订本），第4—6页。
② 刘起釪，《尚书学史》（订补修订本），第6页。

事，学者考订应该是汉文帝、景帝之际的欧阳容首倡《尚书》之名①。在这一时期，由于西周王朝经历战乱，大量的官方典籍，包括书类文献在内散落四方，于是民间有了大量的书类文献。这一时期，作为官方典籍《尚书》的散逸一方面对于文化重心的下移具有重要意义，另一方面对官方文化的扩散也起到了重要的作用。所谓文化重心的下移，是指以孔子为代表的民间学者能够得到原本保存于宫廷的大量典籍，从而开始以这些典籍为教本广收门徒，进行私家讲学与著述，文化普及面不断扩大。所谓文化扩散是指官方典籍向远离王朝中央的四方传播，加大了中原文化对周边地区的影响。王子朝携周王朝典籍奔楚就是文化扩散现象的代表。《左传》昭公二十六年载："王子朝及召氏之族、毛伯得、尹氏固、南宫嚣奉周之典籍以奔楚。"王子朝虽然是与嫡子争王位的失败者，其地位也是相当重要，因此他带走的周代典籍在规格、数量方面都是能够代表周王朝文化最高水平的。今天我们发现了大量有重要意义的楚竹书，很可能与这一事件有着重要的关系。《尚书》同样会随着这股文献扩散的潮流，而得以走出宫廷，扩大影响。有学者总结："孔子设科授徒，以尚书教，为尚书有学之始，此私学也。降及炎汉，兒宽语'经学'于上，武帝请受尚书一篇，于时官学初兴。"② 正是在聚散分合的历史变动中，尚书的传授也经历了官学—私学—官学的变化。其间自然也形成了多种变换不定的文本形式。

第三，汉唐之间，多种《尚书》文本在今古文之争的背景下先后交错流行于世，到唐代《五经正义》形成稳定的今古文并存本。经秦火之后，汉代最先受到重视的是西汉伏生背诵并用当时通行的隶书记录下来的今文本，也是最早立于学官的文本。此后，西汉又先后有四种古文本流行于世，分别是壁中本、孔氏本、献王本、中秘本，东汉有古文杜林本，东晋有古文的孔传本③。汉唐之间这七种主要的《尚

①程元敏，《尚书学史》（上册），上海：华东师范大学出版社，2013年，第21页。
②程元敏，《尚书学史》（上册），第17页。
③参见陈梦家，《尚书通论》，北京：中华书局，2005年，第42页。

书》文本都是一度盛行于世并在学术史上有着重要影响者。此外，还有一种当时一出现就被官方认定为伪书的张霸百二篇本。据《论衡·佚文篇》记载："孝成皇帝读百篇《尚书》，博士郎史莫能晓知，征天下能为《尚书》者，东海张霸通《左氏春秋》，案百篇序，以《左氏》训诂，造作百二篇，具成奏上。成帝出秘《尚书》以考校之，无一字相应者，成帝下霸于吏。吏当器辜大不谨敬。成帝奇霸之才，赦其辜，亦不灭其经，故百二《尚书》传在民间。"① 这一文本之所以没有被当作汉唐间的流行本之一，是因为它甫一出现就被认定为伪造。但是，很多学术史书籍都把张霸本列为一个重要的本子之一。这主要是有两点考虑：据上引《论衡·佚文篇》，成帝发现张霸伪书欺君，但又"奇霸之才，赦其辜，亦不灭其经，故百二《尚书》传在民间"。根据《论衡·佚文篇》的这条记载，张霸本被认定为伪书后，并没有被毁弃和禁绝，所以曾经在民间流传，此其一。张霸百二篇是离析今文二十九篇为一百篇，同时又从《左传》《书叙》《史记》等书中摘抄有关论《书》语句，为这一百篇伪造者做成一百篇书序，合成两篇，故成百二篇。张霸拼凑的百篇《尚书》现已无存，但其凑成的书序却一直受到历代治《尚书》者推崇，甚至被说成是孔子做的，于是更加受到重视。直到《五经正义》时代，书序亦被收录其中，递传到现在通行的阮元本《十三经注疏》仍然如此，此其二。由于这两个原因，我们认为张霸本在学术史上还是有重大影响的，可以看作汉唐间曾经发生重要影响的第八个重要《尚书》文本。可见，在汉唐之间曾经有八个主要的《尚书》文本先后流行于世，并产生过重要影响。各个版本各领风骚若干年，很难说哪一个就是最权威的定本。这种情况一直持续到唐作《五经正义》的时代。《五经正义》确定的今古文并存的本子成为此后各个朝代通行的主要文本。这一方面由于到唐代时古书大量散佚，流传下来的《尚书》文本也受到了影响。另一方面由于唐结束了长期的南北对立分裂，此后中国进入长期的统一时期，政令统一，所以文化

---

① 黄晖，《论衡校释》，北京：中华书局，2005 年，第 861—862 页。

也形成较为明显的主流传承特点，即一时之风尚就成为一时之潮流，《五经正义》成为主流载体，自然突出了其地位。再者，此后儒家文化主流地位的回归，所谓文起八代之衰，儒家文化在经历了与佛道几百年的竞争后，逐渐吸取他者的优势，形成了新的唐宋儒学，并得到了王朝的首肯，作为儒家五经之一的《尚书》，由于再鲜有新文本的广泛流行，因此《五经正义》本日渐成为主流的文本。

第四，大量《尚书》类出土文献的发现，生动地说明了《尚书》古无定本现象。近一个世纪以来，考古学的巨大进步，使我们的古史研究正处于一个新史料不断发现的时期，近二十年先后有两个批次的《尚书》类出土文献重见天日，从而为我们提供了大量的新材料。第一个批次就是郭店简、上博简中有大量的引《书》、论《书》的文句；第二个批次就是清华简中发现了9篇成篇的《尚书》类文献。特别是把清华简中的9篇《尚书》类文献与相关的传世文献比较研究，可以更加直观地展现出《尚书》文本的流传特征，见下面表一：

表一：清华简《书》类文献与相关传世文献比较

| 清华简篇名 | 相关传世文献 | 备注 |
| --- | --- | --- |
| 《尹诰》 | 伪古文《尚书·咸有一德》 | 内容不同，或为佚篇 |
| 《傅说之命》 | 伪古文《尚书·说命》 | 内容不同，或为佚篇 |
| 《金縢》 | 今文《尚书·金縢》 | 内容大致相同，有异文 |
| 《程寤》 | 《逸周书·程寤》 | 传世本有目无文 |
| 《皇门》 | 《逸周书·皇门》 | 内容大致相同 |
| 《祭公之顾命》 | 《逸周书·祭公之顾命》 | 内容大致相同 |
| 《尹至》 | 未见 | 佚篇 |
| 《厚父》 | 未见 | 佚篇 |
| 《封许之命》 | 未见 | 佚篇 |

表中反映清华简中的9篇《尚书》文本有1篇与今本今文《尚书》相关篇目及内容大致相同，存在异文；有2篇与今本古文《尚书》篇目相同，内容不同；有3篇不见于今本《尚书》；有2篇与今本《逸周书》相关篇目内容大致相同，有1篇与今本《逸周书》篇目相同，但

今本有目无文。这些情况表明，通过最新发现的清华简《尚书》类文献与今本的《书》类文献（包括今古文《尚书》和《逸周书》）的文本进行初步比较，可以发现许多新的认识：首先，通过3篇与《逸周书》相关文献的比较，发现除1篇与今本篇目相同但今本内容佚失外，另外2篇清华简的相关文献与今本《逸周书》相关篇的内容大致相同，这对增加今本《逸周书》的可信度提供了强有力的证据。其次，通过1篇与今本今文《尚书》相关篇目及内容大致相同、仅存在一些异文的情况来看，今本今文《尚书》流传有序得到了印证。再次，有2篇与今本古文《尚书》篇目相同，内容不同，可以引发我们对今古文问题的深入思考，在没有第三方证据的情况下，慎重断言真伪，详见后文。最后，有3篇不见于今本《尚书》，又因为清华简为战国时文献，去古未远，包含不见于今本的3篇《尚书》类文献，充分说明当时有不限于今本范围的多篇《尚书》文献流行于世。综合清华简提供的《尚书》类文献的以上四种情况，充分说明在战国时期，《尚书》有不限于今本今古文范围的多种篇目流行于世。据上文所述余嘉锡、李学勤、李零等先生的研究，这些多种篇目的不同组合就可能形成不同的《尚书》文本，进而说明这时的《尚书》无固定文本。

综上所述，清华简的发现说明战国时期《尚书》以多种篇目流行，其不同组合可能形成不同的文本，这时的《尚书》没有形成固定文本。至汉代实行官学，包括《尚书》在内的各种古代经典开始由于官方的标榜而逐渐形成统一文本的趋势，但由于以今古文为代表的不同《尚书》学派的存在，导致不同的文本此消彼长，交替流行，汉唐之间目前所能考知至少有八种《尚书》文本先后流行于世。至唐《五经正义》出，《尚书》形成了目前所见的今古文混合的稳定文本。因此，通过对《尚书》文本演变的学术史考察，可以认为唐以前，《尚书》没有定本。

## 三、出土文献与《尚书》古无定本说的启示

本文对于《尚书》早期文本流传中长期不存在唐宋以后稳定的主

流文本现象的概括，直接受到《尚书》出土文献的影响。正是《尚书》为代表的出土文献的大量出现，促成了古书的第二次反思和第三次反思。这二次反思是在古史辨派第一次古书反思基础上，对古史辨派反思精神的继承，以及对其反思方法的修正和改进。

疑古思潮影响下对《尚书》研究的主要旨趣在于提醒今天我们研究《尚书》等古代经典要首先辨明其内容的时代与作者归属等。这对于我们正确运用史料是很重要的。但是其具体操作中，则不免过于简单化，没有充分考虑到古书体例和流传的复杂性。正是由于出土文献的发现，使我们认识到上述的复杂性，从而在保留古史辨派合理怀疑思想的基础上，要在重新认识古书体例与流传复杂性的前提下，重新考虑对传世古书的科学认识与正确利用。正如李学勤先生所言："通过这些年来整理出土简帛的经验，又使我们认识到古代发现佚书时，整理的要求和标准可能和今天不一样……清代学者批评今本古文《尚书》，其中有些问题也许就是出于整理的缘故。"① 李学勤先生是从古代对佚书整理标准的角度，揭示了古书整理标准不同可能会影响到后世对古书的正确认识，初步涉及对清代学者辨伪工作的反思。进而他又说明："对古书形成和传流的新认识，使我们知道，我国古代大多数典籍是很难用'真''伪'二字来判断的。在辨伪方面，清代学者做出了很大贡献，但是也有不足之处，其一些局限性延续到现在还有影响。今天要进一步探究中国古代文化，应当从这些局限中超脱出来。"② 也有的学者说得更加直接一些："但是即便古文尚书之伪，也并非板上钉钉不可动摇。郭店楚墓竹简出土后，我益发觉得说不定将来有一天，会证明古文尚书原来不伪。"③ 两位学者立论的出发点都是在出土文献的启发下，试图走出清代学者以来的疑古辨伪思维对当前探究古代文化的思想束缚。本文对伪古文《尚书》真伪这一宏大问题暂且不论，因为这

---

① 李学勤，《对古书的反思》，载《简帛佚籍与学术史》，第33页。
② 李学勤，《对古书的反思》，载《简帛佚籍与学术史》，第33页。
③ 吕绍纲，《先秦伪书辨正序》，载刘建国，《先秦伪书辨正》，西安：陕西人民出版社，2004年，序言。

是一个复杂系统的工程，只是针对如何走出辨伪思维的局限性，尝试以"《尚书》古无定本说"为一个反思的起点。以此为基础，可以进一步说明这一反思的启示如下：

第一，《尚书》唐以后稳定文本形成的原因及其对我们当前全面把握唐以前《尚书》文本的影响。我们知道，《尚书》文本走向稳定是从汉代开始的。这一历程是与儒家学说得到独尊相一致的。随着独尊儒术思想经历汉魏晋消长反复，至唐代最终定型。作为儒家五经之一的《尚书》文本也随着今古文不同学派的文本此起彼伏，最后形成了《五经正义》混合今古文的本子通行天下。对于这一从多元到一本的过程，我们可以借鉴美国汉学家凡祚恩的"强本（strong text）"理论加以深化理解。所谓强本理论认为经典在初始的形成时期，会有不同的版本同时流行于世，然后随着历史的发展，其中某一个版本逐渐突显出来形成所谓的强本（strong text），并日渐替代其他的版本，成为这一经典的代表文本①。按照这个理论，唐以后《五经正义》本的《尚书》就是所谓的强本。

显然，《尚书》强本的形成与汉代以来儒学独尊并形成经学传统的影响有着重要的关联。特别是与政治有着密切关系的经学，对人们思维的影响是双重的：有学术的也有政治的，所谓学统与道统的双重影响。这样就加强了所谓强本在后世学者思维中的强度。逐渐形成以经学权威版本作为我们理论思考的基础，就必然会形成以今天的观点考量古代历史的问题。正如吕思勉先生所言："今之疑古者，每援后世书籍之体例，訾议古书，适见其卤莽灭裂耳。"② 如果我们用"古无定本"的观念取代传统的经学权威文本观念，就会避免重蹈以今释古的旧辙。

第二，想像中的"定本"与隐藏的"标准"。我们今天研究古代经典之所以会不知觉中走向以今释古，就是因为在长期经学权威影响下，

---

①参见［美］柯马丁，《出土文献与文化记忆——〈诗经〉早期历史研究》，载姜广辉主
　编，《经学今诠四编》（中国哲学第二十五辑），沈阳：辽宁教育出版社，2004年8月，
　第141页。
②吕思勉，《先秦史》，上海：上海古籍出版社，1982年，第6页。

头脑中预先有了权威性定本的先见。在这个先见的影响下，也有了想当然的潜意识标准。这二者其实是合二为一的。具体到《尚书》文本认识上来，清以前就是以唐《五经正义》本为标准，至清代所谓"古文《尚书》铁案"后，就剩下伏生的今文二十九篇本。伏生今文二十九篇西汉最早立于学官，很早就被当作标准本来验证其他版本的《尚书》，如《史记·儒林列传》载："伏生孙以治《尚书》征，不能明也。自此之后，鲁周霸、孔安国，洛阳贾嘉，颇能言《尚书》事。孔氏有古文《尚书》，而安国以今文读之，因以起其家逸《书》得十余篇，盖《尚书》滋多于是矣。"① 孔安国拥有的孔子家传古文本《尚书》普通人都无法识读，孔安国根据《今文尚书》对读识别出来②。另外，在学术史上皇家藏本也经常被当做权威本子来验证其他书籍的真伪。如西汉时的"中秘本"《尚书》就曾经被用来校其他《尚书》本，据《汉书·艺文志》载："刘向以中古文（案：中秘本，亦称中古文本）校欧阳、大小夏侯三家经文，《酒诰》脱简一，《召诰》脱简二。率简二十五字者，脱亦二十五字，简二十二字者，脱亦二十二字。文字异者七百余，脱字数十。"③ 另据上引《论衡·佚文篇》所载，张霸本的辨伪就是"成帝出秘《尚书》以考校之，无一字相应者"。

解决权威版本形成固定思维标准的方法，就是根据"古无定本"的观念，放弃宏观上从全书出发进行比较的方法，具体到篇章，进而到文句层面做历史考察，确定其所承载信息的历史时代，就可以充分高效利用现存的古书。就学术史上对待张霸所做的《书序》那样，找出原始出处，从而全面利用其准确记录的时代信息，让文献发挥自身应有的价值。

---

① 司马迁，《史记·儒林列传》，北京：中华书局，1959 年，第 3125 页。案：中华书局本对"孔氏有古文《尚书》，而安国以今文读之，因以起其家。逸《书》得十余篇，盖《尚书》滋多于是矣"一段文字中的"因以起其家逸《书》得十余篇"一段断句为"因以起其家。逸《书》。得十余篇"，联系上下文，仔细推敲，当断句为"因以起其家逸《书》，得十余篇"。

② 刘起釪，《尚书学史》（订补修订本），第 105 页。

③ 班固，《汉书·艺文志》，第 1706 页。

　　第三，经典的逆形成："层累地造成古史"说方法论意义的拓展及其对《尚书》文本研究的启示。"《尚书》古无定本"说是对包括古史辨派在内的历次古书反思经验的理论概括之一。这里还要以哲学界利用出土文献对学术史上经典文本形成规律的概括，来说明如何把古史辨运动著名理论之要义用来解释新时期出土发现并形成对原有古史辨理论的更新。乔清举在《论中国哲学的逆形成特点——以老子为例》一文中，通过郭店楚简本，马王堆帛书甲、乙本与王弼本《老子》的对比研究发现，早出的文本往往含有近似于儒家的内容，而这些内容在以王弼本为代表的后来的版本中却日益退出，也就是说《老子》文本的道家内容随着时间推移而不断纯粹化。"正是这些被编辑和改动过的文本，构成了中国哲学史研究的史料。更晚的学者通过对这些史料的研究形成他们的哲学史观，又根据他们的哲学史观重新编辑和改动古人文本。"乔清举将这种不断地附加后续时代观念的文本编辑与哲学观念演进的互动过程，称为"中国哲学的逆形成特点"①。这种观点可以说是对顾颉刚"层累地造成古史"说的引申应用。我们今天可以进一步把乔清举先生这一观点修订一下，概括为"经典的逆形成"现象：越是后来的经典经过不同时代观念的代入，越纯粹化。这一观点与我们想像中经典一开始就是完美无缺的"常识"正好相反，但是可能更符合历史的实际。回到《尚书》文本研究上，由于"古无定本"，所以每一个本子都各有千秋，但又各有不足，当形成定本时，定稿人就会力求完足而尽量广择博取。通行本的今古文并存，就是一个例证。至于编辑定本者不断根据时代观念不断集中于某一主题选择（如以儒家为主），可以通过更多出土文献的发现再去理解和验证。

（原载《出土文献与〈尚书〉学国际研讨会论文集》，

2018 年 9 月 22 日—23 日，上海大学）

---

① 载赵敦华主编，《哲学门》（第七卷第一册）（总第十三辑），北京：北京大学出版社，2006 年 12 月。

# 荀子思想研究模式的反思与重构

经荀子发展的儒家思想对汉代以降中国社会制度的演变与主流文化传承都产生了实质性的影响。然而与此不相适应的是，由于人们所持的研究方法与立场不同，导致学术史上出现了对荀子思想往往毁誉参半的独特现象：从汉唐以来的"尊荀—抑荀"观念的消长，到清末民初以来对"二千年荀学"的批判与"唯物主义代表"的对垒，以及在现实生活中长期存在的"实质继承和心理抗拒"并存的现象。这些都向我们全面地展示了一部错综复杂的荀子思想研究史。所以，当前要推动荀子思想研究发展，就要对自荀学产生至今，荀子思想研究模式的演变规律加以归纳和总结，从而为荀子思想研究的推陈出新打好基础。

## 一、尊荀—抑荀：荀子对儒家经典经学化的贡献
## 及其历史命运的悖反

荀子在稷下的学术活动中，通过对诸子思想的批判与综合，吸取各家精华，用以解释和发展儒家六经思想，完成了儒家思想的综合创新。这样，荀子的学术活动一方面加快了儒家典籍经学化的步伐，而经学化也就是文化权威化；另一方面也使儒家思想在吸收诸子思想中治世思想精髓后，开始确立了儒家思想的经世致用品质。正如王中江

发现："这种经典权威主义为孔子开创，中经孔门后学和孟子，到荀子被大大扩展。汉以后随着体制性经学的建立，儒家经典成了中国学术和知识统一体系的大本营，也成了保证意识形态、教学、教化和价值统一的基础。"① 这一观点将荀子对儒家经典权威化及儒家思想制度化的作用给予了肯定。

荀子对于儒家思想传承做出的贡献，自汉代司马迁《史记》至清代，都有学者加以记述与肯定。司马迁《史记·儒林列传》载："孟子荀卿之列，咸遵夫子之业而润色之，以学显于当世。"唐代杨倞在《荀子序》中对荀子传承儒家文化给予了高度评价："故仲尼定礼乐，作春秋，然后三代遗风弛而复张，而无时无位，功烈不得被于天下，但门人传述而已。陵夷至于战国，……则孔氏之道几乎息矣，有志之士所为痛心疾首也。故孟轲阐其前，荀卿振其后。……又其书亦所以羽翼六经、增光孔氏。"② 清代汪中对荀子传经做了充分的肯定："荀卿之学，出于孔氏，而尤有功于诸经。……六艺之传赖于不绝者，荀卿也。周公作之，孔子述之，荀卿子传之，其揆一也。"③ 皮锡瑞也认为"惟荀卿传经之功甚巨……是荀子能传《易》、《诗》、《礼》、《乐》、《春秋》，汉初传其学者极盛。"④ 近代以来，很多学者对荀子在经学上的贡献加以肯定，如刘师培的《经学教科书》、马宗霍的《中国经学史》、吴雁南主编的《中国经学史》。

然而，在学术史上对于荀子传经与发展儒家思想也有着怀疑、非议和否定的一派。汉文帝时，《孟子》列为博士而《荀子》未能，《荀子》研究即受到抑制。《荀子》自刘向校定为三十二篇后，直到唐代中期才有杨倞做注。流传最广的贬抑荀子思想的观点要算韩愈的"大醇小疵"说。这可能与韩愈作为唐宋八大家之一具有广泛的公众影响力

①王中江，《传道与弘道——荀子的儒学定位》，载姜广辉主编《经学今诠三编》，沈阳：辽宁教育出版社，2002 年，第 258 页。
②杨倞，《荀子序》，《荀子集解》，王先谦撰，北京：中华书局，1988 年。
③汪中，《述学》，《四部丛刊》初编 307 号，上海：上海书店翻印，1989 年。
④皮锡瑞，《经学历史》，北京：中华书局，2004 年，第 31—32 页。

有关。其实，韩愈对荀子贬抑的关键在于他在自己倡导的儒家道统中，将荀子排除在外。《原道》所谓"孔子传之孟轲，轲之死，不得其传焉"。这样，就直接导致宋明理学在以维护儒家道统为己任的背景下，从学术思想的主流上形成了对荀子思想的排斥，甚至出现了将荀子排除在儒家之外的观点。这一思维的流风余韵，直到民国时期的古史辨派仍有人在疑古惑经的旗帜下加以继承与延续。李凤鼎《荀子传经辨》就是这一观点的代表。李凤鼎针对汪中对荀子传经之功的肯定，从《毛诗》、《春秋穀梁传》、《春秋公羊传》及《春秋左传》等三部经典的传承谱系考证上，否定荀子对此三经的传承，从而也就否定了汪中对荀子传经的肯定①。同时代之著名国史专家钱穆也在其早年之力作《先秦诸子系年·孔门传经辨》中对儒家传经的统序进行了考证，其中与荀子有关之《诗》统与《穀梁传》的统系，皆被其考证为不可信②。当代学者也有人通过出土文献提供的新材料，对荀子传经思想表示置疑，如江林昌的《郭店楚简〈诗论〉与早期经学史的有关问题》③。

综上所述，我们可以发现，在荀子传经的问题上自汉代以来就存在着两种相互对立的观点。而且，对立双方往往都持之有据，言之成理。与此相适应，对荀子思想整体评价也逐渐形成了从汉唐以来的"尊荀—抑荀"模式的此消彼长。这样，同荀子思想对中国历史发展产生的实质性影响相比较，人们对于荀子及其思想的认识却长期存在着相互对立与矛盾的观点，甚至造成了实际上遵循与理论上反对的悖反现象。正如台湾学者刘又铭所指出："值得一提的是，由于后代学者对荀子所谓'性恶'、'天人之分'的观点成见颇深，对荀学自觉不自觉地排挤往往过度，甚至因为（在同一个人身上）实质继承和心理抗拒

---

① 李凤鼎，《荀子传经辨》，载罗根泽编，《古史辨》第四册，上海：上海古籍出版社，1982年，第136—140页。

② 钱穆，《先秦诸子系年》，北京：商务印书馆，2001年，第96—101页。

③ 参见江林昌，《郭店楚简〈诗论〉与早期经学史的有关问题》，载姜广辉主编，《经学今诠三编》，沈阳：辽宁教育出版社，2002年，第208页。

的并存而出现了'孟皮荀骨'的怪异现象。"①

所以，我们今天要准确地把握荀子思想是如何在继承孔子思想的基础上，结合时代发展进行了综合创新，就有必要对这样一种几乎贯穿了汉代以来整个学术史的"尊荀—抑荀"模式进行一番清理，做到辨章源流，考订真伪，从而便于我们正确继承与利用荀子的思想。事实上，对这一模式的反思与转换在近代就已经展开并持续至今。

## 二、古今中西：荀子思想研究模式的近代转换

如果对近代荀子思想研究进行一下学术史的总结，大致可以分为二个逻辑发展阶段：第一个阶段，传统学术思想史上形成的"尊荀—抑荀"模式的延续与转换；第二个阶段，走出传统学术模式，用西方学术思维研究荀子思想。下面我们以代表性学者及其成果加以说明。

（一）"尊荀—抑荀"模式的延续与转换

在近代荀学研究史上，延续"尊荀—抑荀"模式的学者大多处于清末民初这一历史转折时期。由于新旧时代的剧烈转换，新旧文化的激荡消长，使这些学者在延续这一模式的同时，也常常表现出学术立场的前后摇摆不定，甚至出现前后相反的情况。这一现象正是荀学研究模式由传统向现代过渡的重要标志。我们这里以康有为、谭嗣同和章太炎为代表。

康有为作为近代维新变法的领袖，对近代中国的政治与学术的推陈出新都产生了较大的影响。然而，对康有为学术思想在新旧时代转换视角下前后不一致的特点研究，历来似乎重视较少。我们今天就可以从其对荀子研究观点的前后相悖上来加以领会。有学者已经发现"康有为对荀子的评价有反复"②。这主要表现在康有为在 1894 年成书

---

① 刘又铭，《荀子哲学典范及其在后代的变迁转移》，载《汉学研究集刊第三期·荀子研究专号》，台湾：国立云林科技大学汉学资料整理研究所出版，2006 年 12 月，第 33 页。
② 陈荣庆，《荀子与战国学术思潮》，西北大学博士学位论文，2007 年 5 月，第 3 页。

的《桂学答问》中认为"孔门后学有二大支：一为孟子，一为荀子……圣学原有此二派，不可偏废。而群经多传自荀子，其功尤大"[1]。这是康有为对荀子的传经之功及其对孔子思想的继承与发扬光大的肯定。但是在他1897年完成的《礼运注叙》中又说："凡中国二千年儒先所言，自荀卿、刘歆、朱子之说，所言不别真伪精粗美恶，总总皆小康之道也。"[2] 可见，康有为在讲学时又对荀子做了否定式的评价，即认为他同刘歆、朱熹一道，将本来以恢复大同之道为己任的孔子之道，做了庸俗化的传承，即窄化为小康之道。

谭嗣同"二千年荀学说"已经成为一个对荀子的评价方面普及度很高的观点，即所谓："故常以为二千年来之政，秦政也，皆大盗也；二千年来之学，荀学也，皆乡愿也。惟大盗利用乡愿，惟乡愿工媚大盗。二者交相资，而罔不托之于孔。被托者之大盗乡愿，而责所托之孔，又乌能知孔哉？"[3] 这段文字出自其代表作《仁学》，而《仁学》一书的写作与成书大致在1896年谭嗣同居南京期间。同样是在这一年，谭嗣同在写给唐才常的信中，又有这样的说法："荀卿生孟子后，倡法后王而尊君统，务反孟子民主之说，嗣同尝斥为乡愿矣。然荀卿究天人之际，多发前人所未发，上可补孟子之阙，下则衍王仲任之一派，此其可非乎？"[4] 这显然是对自己不久前之说法，进行了部分修正。

章太炎在近代学术史上是弘扬国学的典型。因此他的荀子思想研究也显示出明确的尊荀立场。但是我们也可以从另一方面发现，章太炎也是较早地积极利用西方理论研究荀子并卓有成效的传统学者之一。这一点江心力已经做了总结："章太炎作为一代国学大师，传统的经史学训练和西方思想学说的刺激，使他提倡诸子学的研究，走上了尊荀之路。传统治荀方法的沿用，使他确立了荀子的'后圣'地位，章太炎将荀学与西方思想理论融合的尝试，促进了荀学研究方法的更新，

①康有为，《康有为全集》第2集，上海：上海古籍出版社，1990年，第54—55页。
②汤志钧编，《康有为政论集》（上），北京：中华书局，1981年，第193页。
③谭嗣同，《仁学》，载《谭嗣同全集》，北京：中华书局，1981，第337页。
④谭嗣同，《仁学》，载《谭嗣同全集》，第525页。

推动了荀学研究的进一步深入。"① 这表明章太炎的荀学研究，在坚持传统思路的同时，也具有较为自觉的从传统向近代过渡的探索意识，并且能够理论联系实际地付诸实践。

（二）西方学术思维下荀子思想研究模式的形成

如果说康有为、谭嗣同与章太炎的荀子思想研究还带有传统方法与近代新方法相纠缠的过渡性特点，那么以胡适、郭沫若、冯友兰、侯外庐为代表的另一派的荀子思想研究者，完全用西方学术方法对荀子思想做现代研究，就形成了另一种与传统的荀子思想研究模式完全不同的新的研究模式，即西方学术思维下的近代荀学研究模式。近代以来，这一模式曾经在很长的时间内是荀子思想研究的主流模式。

胡适《中国哲学史大纲》中关于荀子思想的研究是荀子思想研究近代模式形成的一个重要标志。在这本对中国哲学史研究具有奠基意义的著作中，胡适将荀子思想列为三章：第一章荀子；第二章天与性；第三章心理学与名学②。这是全面运用西方学术思维解读荀子思想的重要成果。随后，冯友兰在其早期的代表作《中国哲学史》中对荀子的研究，在从学术发展史的角度探讨他与先秦学术关系的基础上，从"天及性"、"荀子之心理学"、"社会国家之起源"等角度进行了研究③。郭沫若在《十批判书·荀子的批判》中，从宇宙观（世界观）、人性论和社会理论的角度，对荀子的思想进行了现代解读④。郭沫若在胡适的基础上，突出了社会发展史的新角度，这与他较早运用唯物主义方法进行社会历史研究的特点相一致。由于郭沫若在中国近代学术史上的影响，他提出的一些观点，直到今天仍以一种学科常识性的方式影响着学术研究，比如荀子的人定胜天，目前所能看到明确的表达，即始于《十批判书》。侯外庐《中国古代思想学说史》进一步提出了

①江心力，《20世纪前期的荀学研究》，北京：中国社会科学出版社，2005年，第64页。
②姜义华主编，《胡适学术文集·中国哲学家史》（上），北京：中华书局，1991年，第205—217页。
③冯友兰，《中国哲学史》（上册），上海：华东师范大学出版社，2000年，第212—233页。
④郭沫若，《十批判书》，北京：东方出版社，1996年，第218页—231页。

"荀子唯物论的要素及其无神论"、"荀子的认识论与论理学"、"荀子'性恶'论中的两条路线之斗争"① 等马克思主义史学的诠释路径。

这样，经由这些中国哲学与思想研究现代范式的开创者们所做的开拓性工作，荀子思想的近代研究模式就逐渐形成。这种模式的基本特点是以天论、性论（或曰人性论，发展到后来直接以荀子性恶论代替荀子性论）以及认识论；或者是以荀子的政治思想、荀子的经济思想、荀子的伦理思想、荀子的心理学等为理论框架来进行荀子思想研究。这种模式实际上就是用西方学术思维解读荀子思想。我们将这一模式概括为荀子思想的西方式解读。这一模式持续了近一个世纪，直到今天，荀子思想研究仍是以这一模式为主流。尽管新方法不断产生，但是真正替代近代以来以西释中的荀子思想研究模式，还需要进一步的努力。

综上所述，近代以来学者对荀子思想的研究形成了两种固定的模式："尊荀—抑荀的延续"（这一模式面临着处理好古今关系的问题）和"荀子思想的西方式解读"（这一模式面临着处理好中西关系的问题），因此这两种模式面对的是荀子思想研究中的古今中西问题。在这两种研究模式下，当前荀子思想的研究已经陷入了重重框架之中。在这些框架下，一方面，随着秦汉以来 2000 多年学术史研究的积累，形成了日益复杂的荀学理论体系；另一方面，由于复杂的荀学体系的层层包裹，在后来学者视野中的荀子本义不断地被时代剃刀削足适履而日渐隐晦。所以，要使荀子思想能够得到全面准确之理解，并在此基础上为当前之时代发展提供合理的思想内核，就有必要打破荀子研究的这两种固有模式寻找出新的研究方法。

### 三、反思与重构：中外学者解构与建构传统荀子思想研究模式的尝试

针对近代以来形成的日益僵化的荀子思想研究模式，学术界已经

---

①侯外庐，《中国古代思想学说史》，沈阳：辽宁教育出版社，1998 年，第 223—244 页。

做出了颇有成效的除旧布新之努力。这一方面，主要是以日本学者与港台地区学者的研究成果为主。特别是近年来，在日本与港台的学者中，逐渐形成了一种在对旧有的荀子思想研究模式加以总结的基础上，对其加以解构与建构的风气。这种推陈出新式的研究思路的特点是，抓住近代荀子思想研究过程中形成的荀学核心论题"天人相分"与"性恶论"等加以解构。

从 1970 年代的日本开始，到当前的港台学术界，这一学术工作卓有成效，促进了人们对荀子思想研究模式进行学术反思的自觉，实质性地推动了荀子思想研究的发展。这种发展，主要是体现在学者开始跳出历史藩篱，对荀子思想本来面目进行逐本溯源性的考察，因而就有了不少超越历史局限性的成果。比如刘又铭通过对荀子哲学典范的反思，发现"程朱、陆王学派以及当代的牟宗三、蔡仁厚等人对荀子哲学的诠释，基本上是以孟子哲学典范为片面的、单一的标准来论证荀子哲学的不足和不能成立，藉以凸显孟子哲学的正统性（也就是唯一正当性）。它们其实不能真正进入荀子哲学的筋骨血脉，不能真正呈现荀子哲学的内在生机。不妨说，它们是不自觉地以孟子哲学的倒反或负面为模型所建构出来的荀学，它们不是真正的荀学，而只是'广义的孟学'的一环，只是孟学的周边、延伸而已"①。

在对现有的荀子哲学研究进行具有启发性的反思工作的同时，这些学者也做了重新建构荀子哲学研究模式的努力。具体来说，当前荀子哲学建构工作主要有两种方式：

其一，对荀子思想中的一些重要概念进行重新思考与清理的观念史研究方式。这一层次的研究，实际上处于为新的荀子哲学研究重新清理基本概念的阶段。如佐藤将之在对中日学者荀子哲学解构工作进行了总结之后，拈出《荀子·不苟》中的"诚"概念进行重新解读②。

①刘又铭，《荀子哲学典范及其在后代的变迁转移》，载《汉学研究集刊第三期·荀子研究专号》第 33 页。

②参见佐藤将之，《荀子哲学的解构与建构：以中日学者之尝试与"诚"概念之探讨为线索》，载《国立台湾大学哲学论评》，第三十四期，2006 年。

从某种程度上，1978 年以后，中国哲学与思想史研究走出单一的二元对立模式的一个重要方法，就是转向概念范畴研究方法，这同西方思想史研究中的观念史研究方法有着异曲同工之效。其目的是为重新建构中国哲学与思想体系提供经过重新清理的基本概念单元。直到现在，这一基础性工作，在中国哲学与思想史的研究中，仍然是一个重要的组成部分。在当前的荀子思想研究中，也同样有许多学者在扎实地做这项工作。这一研究方法的不足之处已经引起学者的思考，杜保瑞认为主要有二点"问题意识不明确"和"体系性建构力不足"①。我们认为，并不是建构力不足，而是因为这一阶段是为建构工作准备原材料之阶段。所以，我们主张要在对荀子主要的概念单元进行清理后，主动转向建构的工作中去，而这一转向的关键在于找到正确的新的研究方法，即建构方法。

其二，对荀学思想核心概念的重新定位。日本学者在对荀子核心概念进行解构后，用新的概念对其进行替换，力图完成新的荀子思想体系的构建。如儿玉六郎主张用"性朴论"代替"性恶论"②。中国有学者用创造诠释学的方法重建荀子思想体系③。我们认为，这一类的荀子思想重构工作可以概括为荀子思想的"另一种西方式的解读"。因为他们在做这一工作的时候，其方法的指导思想还是西方式的逻辑思维，没有考虑到在当前的时代背景下中西方思想的融合问题。因此，同他们所做的解构工作相比，其重构工作相对薄弱。

## 四、趋势与展望：荀子思想研究走向蠡测

尽管中日学者对荀子哲学的解构建构工作取得了一定的成就，但

①杜保瑞，《中国哲学的基本哲学问题与概念范畴》，载《文史哲》，2009 年 4 期。
②参见佐藤将之，《荀子哲学的解构与建构：以中日学者之尝试与"诚"概念之探讨为线索》，载《国立台湾大学哲学论评》，第三十四期，2006 年，第 93 页。
③如刘又铭《荀子哲学典范及其在后代的变迁转移》所提出的观点，载《汉学研究集刊第三期·荀子研究专号》，第 33 页。

是总体上可以用"解构发人深省、建构稍嫌不足"来加以总结。我们认为，荀子思想研究要取得新的突破与进展，就仍然要对前边所说的古今中西问题加以解决。近代以来的学术研究取得重要进展的经验表明，新学术成果的取得大致不外乎二方面之突破：一曰新方法之发明；二曰新材料之发现。荀子研究的中西问题实际上是一个方法问题，所以我们认为要结合中西比较的前沿，探索研究方法上的更新；荀子思想研究中的古今问题，实际上可以通过新材料的运用加以推进，我们主张与出土文献相结合，从而以逐本溯源之方式，为荀子思想研究模式的转换提供新的文献根据。

（一）中西比较前沿与荀子思想研究的中西问题之解决

荀子思想西方式解读实际上是与中国哲学整体上是在西方学术思维下产生与发展起来的这一学科特殊性背景下的必然结果。近年来，中国哲学的这一先天特点已经得到学术界的关注，先是有关于"中国哲学合法性"的讨论，然后又有"反向格义"说的讨论①。这些讨论实际上是我们对中国哲学与思想研究模式的自觉反思。所谓"中国哲学合法性"的讨论，实际上起到了对西学框架建构中国哲学的反省作用。"反向格义"的讨论，从学理逻辑上看，是对前些年"中国哲学合法性"讨论的深化。从这一角度，我们不同意后来有的学者将"中国哲学合法性"讨论总结成一个伪问题，那样是以今释古，忽略了思想认识提升的过程。

我们认为不论东西方，学术研究的进展都有一个逐级深入的过程。基于这一认识，我们认为当前的中西比较只是在文化层面的比较，因此就必然会陷入以西释中还是以中释西的格义循环中难以定论。要超越这一格义循环，在原层次打转是不能解决问题的，必须寻求层次的提升。那就要深入到思想层面的相互比较与切蹉融合，然后求得公约

① 关于"反向格义"问题的讨论，请参看刘笑敢：《关于"反向格义"之讨论的回应与思索》，载刘笑敢著，《诠释与定向——中国哲学研究方法之探究》，北京：商务印书馆，2009 年，第 415 页。

性，再回归到各自的文化主体中，对其加以指导，完成文化之更新。

荀子思想作为近代中国哲学史的内容之一，当然也具有被西方模式建构之学科特点。因此，要对其研究方法加以革新，就必然要在中西融合与会通的基础上，形成具有东西方公约性的方法论后，重新阐释与建构适应当前时代语境的荀子思想。

（二）出土文献与荀子思想研究古今问题的解决

如果说中西比较前沿与荀子思想研究的结合解决了荀子思想研究中的方法论问题，那么大量出土文献的发现，就为我们重新研究与建构包括荀子思想在内的古代思想提供了新材料。学术界也逐渐形成了运用出土文献修正与重建思想史的思潮，而且取得了丰富的成果。如李学勤较早地提倡用出土文献对疑古思潮进行反思，提出了走出疑古时代的说法①。日本学者浅野裕一利用出土文献对日本的先秦思想史研究的许多重要观点进行了修正②。这些研究成果的取得说明我们利用出土文献，对荀子思想做返本开新的研究时机已经成熟。

具体到荀子思想研究方面，我们主要是利用荀子同时代以及尽可能接近荀子时代的传世文献与出土文献，重构荀子思想产生的历史语境。这样就会对我们摆脱学术史的历史积累所造成的日益复杂的荀学体系对荀子思想本义的遮蔽，尽可能恢复荀学本来面目提供可能。

## 五、结论

针对荀子思想研究中长期以来形成的"尊荀—抑荀模式"及其在近代的延续，以及为了摆脱传统束缚形成的"荀子思想的西方式解读模式"对当前荀子思想研究的滞后性影响，本文主张通过及时吸收运用中西比较的前沿成果，在方法论上形成公约性后，结合出土文献所

---

① 有关这一说法的观点与论述请参考李学勤：《走出疑古时代》，沈阳：辽宁大学出版社，1995 年。

② 参见浅野裕一，《新出土文献与思想史的改写——兼论日本的先秦思想史研究》，载《文史哲》，2009 年第 1 期。

提供的新材料，重构荀子思想，使其既恢复中国思想之本源特点，又能以融会中西的视野加以准确地把握。这样，我们才能完成对荀子思想切合于当前时代语境的解读，实质性推动荀子思想研究模式的推陈出新、继往开来。

（原载《哲学动态》2010 年第 10 期）

# 主体思想范式的消解与杂家
# 研究方法的重新审视

在中国学术史上，"主体思想范式"在诸子学研究，尤其是杂家研究中占有非常重要位置，其要点是首先探讨在研究对象的思想体系中以哪一家思想为主体，并以此作为进一步深入研究的基础。在这种研究范式下，历来对杂家学术价值的认识差强人意，《四库全书总目》的评价即可为代表。因此杂家研究要有新进展，首先就要对这一研究范式加以重新审视，寻找新起点。近读中华书局"中华文史新刊"——《〈金楼子〉研究》一书，颇感其所采用的"主体思想范式"以外的研究方法，对杂家研究走出传统研究范式的局限，做出了有益的探索，因此略作分析，以期对当前的杂家研究乃至诸子学的研究有所启迪与参考。

中国传统的学术研究，大致可以分成以下的层次：史料——史学——思想。只有扎实地打好前两步的基础，才能得出严密可靠的结论。《〈金楼子〉研究》一书在研究思路上，正是按照这一逻辑循序渐进的。通观全书，作者以鲍廷博《知不足斋丛书》本《金楼子》为主，辅以《太平御览》引文，《永乐大典》引文和文渊阁《四库全书》等不同版本《金楼子》进行参照比较研究。前四章对《金楼子》的成书时间、体例和版本、著录情况以及文献价值等进行了考辨；后五章对《金楼子》的思想体系、文笔理论、文学本质观、文学创作思想和文学批评思想提出了自己的看法。在每一层次的具体研究中，作者都是在系统总结前人研究成果的基础上，提出自己学有根柢的新见解，略示如下：

其一，在史料整理与文学史的逻辑考察基础上提出新说。《〈金楼子〉研究》首先对《金楼子》进行了全面的文献整理与集成工作，在此基础上，提出自己的研究成果。比如在《金楼子》成书时间问题上，作者先总结了历史上陈振孙的"萧绎为湘东王时"成书说、王鸣盛的"萧绎即帝位后"成书说和余嘉锡的"侯景之乱之前"说，然后详细比较了三家之说的优劣，在此基础上，提出了《金楼子》成书"并非一时一地所成"的新说法，并辅以严密的逻辑论证，显示了作者缜密的文学史逻辑思维功力。这一新观点的提出，赋予了《金楼子》一书新的学术价值：由于它不成于一时一地，所以我们今天可以将其作为研究齐梁之间历史发展、社会变迁的新史料之一。

其二，在思想研究上多有创获，兼有方法论的启示意义。有了扎实细致的文献分析与整理基础，作者进而对《金楼子》的思想进行了全面深入的研究，并多有创见。比如在"《金楼子》的思想体系"一章中，作者有言："一般来说，在中国历史上，凡是将要出现由分裂走向统一的时代时，总是率先在思想文化领域出现融合各种学说、杂取各种思想以成一家之说的趋势。秦统一中国前产生的《吕氏春秋》是这样，隋统一南北前夕出现的《金楼子》似乎也是这种情况。杂家思想其实并不杂，其兼容并包的理论形态往往因各家思想和各部分理论形态的整合而产生新的理论体系，因而也具有新的功能，形成新的特征，并预示着新的社会思潮的到来。杂家的理论形态开放性和不完全性为新的历史时期的到来作好了思想上的准备。"这里，作者结合历史变迁与文化思潮的互动性，以深邃的历史思维，指出了杂家自成"新的理论体系"。这一观点同中国传统的杂家研究史上以探求"主体思想"为代表的主流观点相比较，可以说是一个新思考理路的揭橥。又如在关于《金楼子》的文笔理论、文学创作理论、文学批评思想等，作者也多有新见，此不胪列。

要之，《〈金楼子〉研究》一书史料整理扎实全面、学术史的逻辑思考深入严谨、思想体系研究在传统的主体思想范式的基础上独辟蹊径，为杂家研究开拓了新的思路，也为我们重新审视传统杂家研究方法的局限，促成杂家研究走向新的深度，打下了坚实的基础。

（原载《光明日报》2005 年 7 月 19 日）

# 学术的求真与致用

近代以来，在西方学术标准的参照下，逐渐形成了一种把中国学术实用性理解的偏向，即认为中国的学术不出经世致用一系，是以伦理为基础、道德为底色的实用型学术。这一点以黑格尔对孔子及儒学的评价可为代表。同时，对于中国学术与思想抱有同情的罗素也委婉地认为中国人不适于追求西方人的目标。这是西方文化中心主义影响下对中国文化的片面认识。事实上，中国学术的经世致用历来都是建立在学术求真基础上的，学术的求真与致用是互为条件，共生互长的。中国学术之所以能成为世界文明之林中的重要成分，是因为在学术求真的方面达到了有世界意义的高度，这一点从德国哲学家雅斯贝斯在其提出人类文明轴心说中，把中国作为人为早期文明中心之一就可以得到证明。因此，从学术的求真与致用相互补的角度，才能全面地把握中国学术的要旨所在。近读汤一介先生新著《我的哲学之路》（新华出版社，2006 年 2 月版），使我们在看到作者首次从学术思想发展的角度对其人生轨迹与学术追求做了学术总结的同时，综观其学术与人生求索的轨迹，深刻地体现出学术求真与致用相结合的精神，读来令人深受启发。

通观全书，作者的探索分为"论中国传统哲学的价值"、"对中国现代哲学的思考"、"关于文化问题的探讨"和"中国文化的传承与创新"几个部分。从这些专题的选择上，我们就可以看出有的专题是对中国学术作价值上的求真，有的是对中国文化做致用性的现代化的探索，有的则是在二者基础上指向未来的传承与创新的探索。全书凝聚了作者长期学术探索的心血与结晶，许多独到的见解对当前的中国学术与社会发展已经产生了重要的影响，体现出与国计民生血脉相连的致用性，比如和谐社会的理念，就本书所提供的信息而言，作者早在20世纪80年代初就已揭示出中国文化中的这一有价值的资源，其后又多次撰文加以详细论述。我们当前正在把构建和谐社会当作国家与社会发展的主题，而这一观念的揭橥者在社会层面却鲜为人知，这也许是学术探索与普及的差距使然，然而桃李不言，下自成蹊。作者对中国文化传统资源的现代转化能切用于国家与民族的发展，体现了学术求真与致用传统在现代社会中的继承与发展。

作者的哲学之路是学术的求真与致用互为体用之路。举其大端有：作者在对传统文化作中西参验的基础上，高瞻远瞩地提出了编纂《儒藏》和创建中国解释学的学术规划，为中国文化的继承与发展并同世界文化的对话与互动发展作了扎实的基础性工作，此二者可谓学术求真工作的代表；而如前揭作者对和谐社会观念的阐发是其学术致用的实证之一；另外作者对亨廷顿"文明冲突"论的商榷，指出其不合时宜地坚持西方文化中心主义的实质，进而对中国传统文化中"和而不同"价值资源的阐述，为不同文化的共生互补，多元发展提供了新的理论根据，亦可谓其学术致用的代表。这其中，尤为意义深远的是《儒藏》编纂工作，正如作者对发起这一工程的缘由和意义所述："我国传统的思想文化，历来号称'儒'、'释'、'道'三分天下。可是千百年来，我国有《佛藏》、《道藏》，虽明清两代有编纂《儒藏》的建议，但始终没有反映儒家思想文化的典籍、文献集大成地编辑为一个体系的《儒藏》，这不仅与儒家在中国历史文化中的主流地位不相称，更不能满足传统文化的整理与研究的日益广泛深入的需要……中国古代文化是'轴心时代'几大文明之一，而儒家是轴心期中国思想的重要成分。……在踏入新千年之际，世界思想界已出现对'新轴心时代'的呼唤，……因此，《儒藏》的编纂不仅是为了弘扬和发展中华文化的真精神，也是为了面向世界，对当今人类文化发展做出新贡献。"盛世修史是中国文化中的一个优良传统，正是由于这一传统，中华文明才保存了世界上数量最大的典籍，当前中国经济发展取得了举世瞩目的成绩，有了新一轮总结文化典籍的基础，作者敏锐地把握了这样的历史契机，提出了裨补中国学术史上代表主流文化的儒家没有像《佛藏》、《道藏》那样集成文献的不足，编纂《儒藏》的工程。这一工程的民族文化与世界文化意义已如上引所述。这里更要说明一点的是这一工程对于培养传统文化继承人才和重要意义所在，这一点作者在编撰意义中也有明确的说明："花十年、八年时间培养出一批青年学者，这不仅充实了编纂《儒藏》的力量，而且是为我们国家培养出一批推动中国文化的研究和使中国文化走向世界的新生力量。"在中国学术史上，历来编辑大型丛书的过程，也同时是人才随之成长而人才辈出的过程。正如《四库全书》的编修，造就了戴东原等一大批杰出的学者一样，儒藏工程也必将嘉惠当代学林，为当代学人提供一个百年一遇的成长机会。

学术理论的探讨是一种求真，而在学术理论的追求过程中又能够自觉地与传统的经世致用相契合，这是继承中国学术要义的学术自觉。作为经历过 20 世纪的时代变迁和思想受政治运动复杂多变影响的一代学人的代表，在一切重新回归理性之后，做了一个学者式的反思："我今后不能听别人的，得用自己的脑袋思考问题。"这可以说是作者经历过历史复杂变局后重新回归到学术求真轨道上的起点，而在这一求索的过程中，作者又以一个中国学者特有的家国天下的使命感，自觉完成了将探求学术真知与关注现实生活及未来社会与历史发展相结合的过程。这是一种文化自觉的精神。这种精神体现在本书中作者对费孝通先生文化自觉精神的阐述中："一个民族、一个国家要自立、自强，能对人类社会做出贡献，必须有文化上的主体性。所以，我认为费老所提出的'文化自觉'包含着确立中华民族文化主体性的深刻意义。"可见，作者对中国文化有着主体性的认同，但又不是狭隘的理解，这也可以从其后的论述中体会："照我看，费老讲的'文化自觉'所强调的是我们对自己的文化应有'自知之明'，它不带任何'文化回归'的意思，不是要'复旧'，同时也不主张'全盘西化'或'全盘他化'……我们从费老的几篇论文谈话中处处都可以感受到，他把不同文化之间相互吸收和借鉴看做是促进本土文化的重要动力"。从这些文字中，我们可以看出作者的学术研究实际上是在一种借鉴不同文化促进本土文化的文化自觉中进行的，这就超越了近代以来的文化古今中外之争，以更为深远的目光审视当前、关注未来。这种文化自觉应该是作者在学术的求真与致用上都取得了卓著成果的精神根源所在。正是在这种学术自觉精神的影响下，作者在 20 世纪 80 年代学术界开始反省 50 年来"唯心与唯物两军对垒"之失的时候，于 1981 年在《中国社会科学》第五期上发表《论中国传统哲学范畴体系诸问题》，较早地摆脱唯物与唯心的教条，把中国哲学史作为一种认识发展史来考察。这无疑为走出长期的学术教条困扰找到了一个出发点，因而在学术转折的关键时期，具有开风气之先的意义。

当前的时代是一个日新月异、快速发展的时代。然而经济与科学技术的发展也同时把人类带到了被工具化的边缘。这一点在欧美国家的现代化过程中也曾经困扰或者正在困扰着身处其中的人们。这也同样牵动着矍铄之年的作者，他在本书自序中写道："几十年的风风雨雨，把许多人变得很实际，没有幻想，没有激情，不再有发自内心的爱与恨了。这难道是人们、特别是年轻的知识分子应有的生活？"这是作者对社会与历史发展的新一轮学术自觉式的反思。

（原载《光明日报》2006 年 12 月 20 日）

历史的比较研究与中国历史

# 历史的比较研究与中国历史

　　历史的比较研究是与中国传统史学的现代转型同步进行的。从世界历史（Word History）或者全球史（Global History）的角度宏观考察，近代以来人类社会整体经历着由农业社会向工业社会的转型。这一转型的重要趋势就是人类社会的不同区域、不同国度之间的联系日益紧密。与此相适应，在近代的历史学发展中，比较研究成为一个不可回避的重要方法。时至今日，"历史的比较研究，不论在国外，还是国内，现在都是一个比较热门的研究取向。"[1] 对于这一重要的方法，或曰"放眼世界"，近代中外历史学家无不自觉掌握并运用。即使在大家纷纷以西方新方法、新思维重新解释中国历史文化成为一时风尚时，能够特立保持对中国历史"温情与敬意"的钱穆先生，在其后半生的著作中也大量借鉴甚至完全采用了西方学术的论述方法[2]，这实际上就是在主动实践历史比较研究。对于这一重要方法，刘家和先生曾作《历史的比较研究与世界历史》一文，从历史比较研究的逻辑演进、历

---

[1] 刘家和，《历史的比较研究与世界历史》，《北京师范大学学报》（社会科学版）1996 年第 5 期。

[2] 钱穆先生晚年目盲后口述的重要著作《晚学盲言》，作为 70 余万字的洋洋巨著，主要采用了诸如"整体与部分"、"抽象与具体"、"时间与空间"、"客观与主观"等类似于观念史的研究路数，说明钱先生通过比较，自觉采纳了中国传统史学叙事中较为欠缺的观念单元的讨论方法。参见钱穆《晚学盲言》，桂林：广西师范大学出版社，2004 年。

史的比较研究与世界历史的关系以及历史比较研究的局限性等方面，对历史比较研究的一般规律做了方法论的提升，对历史比较研究在世界历史研究与撰述中的具体实践做了细致的分析。刘家和先生长期从事中外历史比较研究的目标就是要为中国历史在世界历史叙事中应该占有的合理地位做出自己的努力①。本文沿着刘先生思考的方向，试做《历史的比较研究与中国历史》一文，在初步总结历史比较研究的历史脉络基础上，为中国历史在历史比较研究视野下的前途与发展方向做一点前瞻性的探索，以期为这一问题的深入抛砖引玉。

## 一、"挑战—回应"的历史语境与中心论的递嬗②

历史的比较研究可以说是同历史学科本身的产生与发展一样悠久的研究方法。因为就历史叙事最基本的两个范畴——历时性与共时性来看，其基本的思维模式从某种意义上都可以概括为比较思维：历时性是历史事件的不同时序的纵向比较；共时性是同一时代的横向比较，往往表现为同一时间截面上不同地域空间上的历史事件的横向比较。从这个意义上来看，历史记载就是对历史事件在时空坐标中的定位。这是广义的历史比较研究。我们今天要讨论的历史比较研究则是特指在中国传统史学向近代史学转型过程中，所经历的中西史学比较研究进程。这可以看作是特定时期狭义的历史比较研究。

毫无疑问，中国近代史学的形成背景正是整个人类自工业革命以来开始踏上波澜壮阔的现代化征程。这其中，民族国家的形成和工业

---

① 刘先生在长期的历史研究中，一直主张"把中国史放到世界史中去研究，写出具有世界眼光的中国历史和有中国史在内并给中国史以应有地位的世界史"。参见刘家和、蒋重跃，《在挑战与回应中前进——刘家和先生谈学术工作的基础》，《北京师范大学学报》（社会科学版）2015 年第 2 期。

② 对学术史上的所谓"挑战——回应"模式及其与历史比较研究中的"中心论"及"异同论"关系，笔者多年前曾经做过初步的理论总结，参见拙著，《属辞比事与疏通知远——由〈史传通说〉看美国学者中西史学比较研究的新思维》，《四川师范大学学报》（社会科学版）2005 年第 3 期。本文在其基础上做进一步的理论提升。

化的实现是两个最主要的标志。以这两个指标为鹄的，欧美无疑是先期完成现代化的区域。正是因为在现代化进程中的领先地位，欧美各国也开始认为其伴随工业文明而形成的现代文化同样体现出其优越性，与其相比较就认为其他后发的现代化国家处于政治、经济与文化的全面落后状态。与此同时，这些后发国家也一度自认为在近代化进程中生产力发展的落后，也必然导致包括历史文化在内的全面落后，特别是受到西方殖民扩张影响时，这种感觉就更加强烈，由此就伴生出强烈的"向西方学习"的愿望。这种比较视野下的奋起直追式的学习模式，就通常被借用汤因比的理论概括为"挑战—回应"模式。正是这种"挑战—回应"①的现代化模式，营造成了近代中国历史所赖以形成的历史语境。具体来看，学术界长期以来都认为明清时期的中国是处在停滞不前的落后状态，鸦片战争以后中国发生的一些变化则是由西方文明的冲击引起的。在这种应对挑战的危机氛围下，中国近代史学的形成自然不自然地都把西方近代历史形态当作参照物。这一心态可以概括为"以欧美为中心"的近代历史学发展阶段。这一点我们可以从近代新史学的开创者之一梁启超的关于新史学的论述中明确地得出直观感受，梁任公在其著名的《新史学》中之"史学之界说"部分说："历史者，叙述进化之现象也。现象者何？事物之变化也。宇宙间之现象有二种：一曰为循环之状者。二曰为进化之状者……循环者，去而复来者也，止而不进者也。凡学问之属于此类者，谓之天然学。进化者，往而不返者也，进而无极者也。凡学问之属于此类者，谓之历史学"②。梁启超把历史学看作是"往而不返"、"进而无极"的学问，显然是深受达尔文进化论的影响，是把进化理论用来当作中国新史学的

①所谓"挑战—回应"模式是英国历史学家汤因比在其著作《历史研究》中论述文明发展规律时应用的一对概念，他把人类历史分为若干文明，每一个文明都有起源、生长、衰落、解体的过程。他认为，在文明的全部进程中，回应挑战的成败也就是一个文明成败兴衰的关键所在。参见汤因比著，曹未风等译，《历史研究》（索麦维尔节编本，中册），上海：上海人民出版社，1986年。

②梁启超，《中国历史研究法》，北京：中华书局，2009年，第182页。

理论资源。又如胡适著名的"大胆假设，小心求证"理论，虽然不能算做纯粹的历史学方法，但是由于这一理论对当时整个文史哲学界的广泛影响，也必然对历史学研究产生了重要影响，此后史语所以傅斯年先生为代表的学者提出"历史就是史料学"，显然就是这一影响的余绪。胡适此论显然是受到了西方实证主义哲学思潮的影响。回顾 20 世纪 80 年代以前的中国历史学的发展历程，可以发现基本上都是在上述梁、胡二先生的模式下探索中国历史学的革新与发展。其特点是不断地引入西方的理论，形成新的研究中国历史的模式，从七八十年代的解释学对中国史学的影响，到八九十年代的后现代哲学思潮热与后现代史学的热烈探讨，都是这一模式的流风余韵。

在"冲击—回应"这样的悲情历史背景下，"在 20 世纪前半个世纪中，史学研究也无形中被一种救亡的精神包裹着，在理论上模仿西方便是最主要的表现，也是最直接的反应"[①]。这种在比较视野下的模仿研究显然是默认了作为模范的西方史学及社会科学的先进性，也就是默认了近代以来历史学是以西方文化为中心，这就是通常所说的"西方中心论"。西方中心论首先是欧美学术界自我优越性的表述。这是与其先期完成现代化而体现出的优越性在学术上的反映。其次，作为后发国家，为了迅速赶超的心理需求，产生了强烈的"向西方学习"的冲动与愿望，自然认同了"西方中心论"的先天优越地位。

然而，在大多数人怀有救亡图存的急切学习心态的主流学术思潮下，也有保持清醒思考的一派。这些人在西风压倒东风的大环境下，仍然在冷静思考：中国的现代化历程是否一定要在西方强势挑战下才能开启？思考的结果是有相当一部分有文化自信的学者认为，即使没有外来的西方殖民压力，中国的现代化也会自发地启动与完成，其理论根据是不同的文化背景可能产生不同的现代化模式。在这样的文化信仰背景下，也就有人从中国文化自身的特点出发，摸索中国历史现

---

① 陈新，《二十世纪以来中西史学理论比较史研究》，《清华大学学报》（哲学社会科学版）
　2016 年第 6 期。

代化转型的新方向。这一探索是在中国本位基础上，吸收利用西方的现代治学方法，这一致思路径可以概括为"中国中心观"。"中国中心观"是西方史学界在二十世纪七八十年代兴起的新思潮，有两个代表性人物：日本的历史学家沟口雄三与美国的历史学家柯文。

早在二十世纪七十年代，沟口雄三就发现："近代主义者以欧洲近代的价值观为基准，提出来诸如亚洲在何时、何地、如何地产生'契约观念'以及'个人主义'、'近代的自我'的确立等问题作为研究对象；另一方面，马克思主义者则就'资本主义萌芽'、'封建制的亚洲的特殊性'等展开讨论。这些都是要在亚洲发现欧洲，认为只有欧洲独占了世界史上的历史价值的普遍性。"① 这段话说明，沟口雄三在早年的中国历史研究中，很早就以敏锐的视角发现了当时海内外中国历史学界在"近代主义"的主导下普遍适用的"欧洲中心"史观存在一定的问题。有鉴于这一发现，沟口雄三提出了自己独特的研究方法："我在七十—八十年代，反对一般常见的、以欧洲的历史展开和价值观为基准、并以它为世界的或人类普遍这种欧洲一元论的思想方法；而主张多元的世界观，这就是所有的民族各有独自的历史和文化，而且在有着长久历史的民族的历史中，必定有自己独特的同时也遵循着人类历史的发展规律的展开，这个观念不久就成了我的信念而逐年加强……我对中国所持的这种多元的世界观，进入八十年代以来，以和我相同的观点推进研究的人士开始发表他们的看法，年轻人之中又逐渐增加共鸣者，到了现在，中国有它独自的近代的展开这种看法，在日本的中国研究者特别是年轻的研究者之间几乎已成了常识"②。由此可见，在中国历史研究中率先摆脱"欧洲中心"史观的并不是中国本土的学术界，而是日本的中国史学界。这与中国在二十世纪六七十年代所特有的历史环境有关系。

①［日］沟口雄三著，索介然、龚颖译，《中国前近代思想的演变》，北京：中华书局，1997年，《致中国读者的序》第2页。
②［日］沟口雄三著，索介然、龚颖译，《中国前近代思想的演变》，《致中国读者的序》第3页。

　　沟口雄三通过对"欧洲中心"史观的反思，提出了多元史观，应该是一个怀有深刻历史思维的历史学家谨慎的做法，他并没有走向另一个极端，提出所谓"中国中心"史观。同样是反思"欧洲中心"史观，美国学者保罗·A·柯文（Paul A. Cohen）则走得更远，索性提出了与"欧洲中心"史观相对立的"中国中心观"。与沟口雄三相似，柯文也是在反思西方学术界近代历史学研究中的"欧洲中心"倾向时，逐渐形成了"中国中心观"。这一心理历程在他为2010年新版《在中国发现历史》一书写的序言中做了详细的交待："在王韬一书中已经显现的，对于包含我自己在内的西方中心取向的逐渐不满，让我在1970年代晚期开始更为广泛地批判这些倾向对于战后美国学术的塑造作用。《在中国发现历史》一书便是此工作的成果，我在前三章探讨了西方中心的偏见，指出三个影响19世纪五六十年代的主要概念架构：西方冲击与中国回应取向，现代化（或传统与现代性）取向，以及帝国主义（或更为明确的帝国主义与革命）取向。并在最后一章讨论美国学界的新研究趋势，我称之为中国中心取向。此一取向出现在1970年前后，并努力地克服早期的西方中心偏见。"① 柯文此书行文逻辑非常清晰：全书共四章，前三间分别总结反思了美国的中国历史研究存在的"欧洲中心"史观的三种表现方式，即："冲击—回应"模式（impact-response model）；"传统与近代"模式（tradition-modernity model）；"帝国主义"模式（imperialism model）。然后顺理成章地在第四章提出了"走向以中国为中心的中国史"的主张。柯氏此书可以说全面反思了"欧洲中心"史观的产生历史及其在现实中的具体表现形式，为中外学术界全面反思与开拓新的研究方式提供了全面、细致的背景知识。同时，他自己又针锋相对地提出了"中国中心观"，做出了筚路蓝缕的开创性探索。这一切都值得我们尊敬。正是由于此书的重要价值，出版至今产生了持续广泛的影响，在海内外多次再版。

----

① [美] 柯文著，林同奇译，《在中国发现历史——中国中心观在美国的兴起》，北京：社会科学文献出版社，2017年，第52页。

"'以中国为中心的中国史'的主张，形成了一个与'欧洲中心论'截然相反的观点。这两种思潮，使中心论的两个极端在历史发展中得到了完全的展示。近年来学术界对'中心论'，无论是'中国中心论'，还是'欧洲中心论'都作出了深入地分析和反思。事实证明，以任何一种文化为中心，都是预先设定了一个既有的价值标准，因而其求得之结果，只能是被现有思想发展进程的某一方面的统一，或言同化。而文化的统一或同化，并不是文化的发展。"①

正是出于对"中心论"的反思发现，无论是"欧洲中心论"还是"中国中心论"都存在着偏执一隅的弊端，因此学术界在获得了其思想突破的启发后就进一步思考如何更加科学地在中国历史研究中进行中西比较，换言之，即如何提升比较的层次。这一思考的结果是让历史学家们对中西史学比较的思考提升到了哲学思辨的层面，开始考虑如何处理二者的异同关系。这样，历史的比较研究开始进入到以异同论为主要聚焦点的深层思辨阶段。

## 二、异同论的滥觞与历史比较思维的逻辑演进

如果说在"冲击—回应"预设历史背景下的"欧洲中心论"体现了西方历史挟其现代化进程中的政治、经济等方面优势而对非西方国家的历史形成了强大的同一化力量的话，通过对其反动而形成的"中国中心观"则是在物极必反的心理作用下，又过度地强调了欧洲之外国家历史文化的特殊性，即与西方的差异性。这两种各执一端的中心论恰恰向我们鲜明地展示出历史的比较研究在哲学方法论层面上必须要处理好的一对关系："同"与"异"。此后，中外历史比较研究方面的进展都是在这一问题上有新的发现与创获者。经过众多中外学者的多年努力，逐渐对历史比较研究中的"异同论"有了较为科

---

① 参看拙著，《属辞比事与疏通知远——由〈史传通说〉看美国学者中西史学比较研究的新思维》。

学与全面的认识。这里选取中外两位具有代表性学者的成果加以具体说明。

首先我们来分析美籍历史学家王国斌在中国历史研究中超越历史比较研究的"中心论"、丰富与完善"异同论"的贡献。王国斌在肯定欧洲对近200年世界历史发展伟大贡献的基础上，开始反思如何处理好在中国史研究中走出"欧洲中心论"之后，又走向另一个极端"中国中心观"所面临的局限问题。他认为"这种排开欧洲影响的重要做法，破除了上述以'本地—西方'（按：即'挑战—回应'）为主轴的单元论的局限，主张亚洲、非洲、拉丁美洲社会均具有多元特性，从而创造了'差异的多种含义（通常主要在文化方面）……仅只是，并不能创立可比性。而且，只有先比较相似与差异，才能从西方国家与各种非西方国家两个方面更好地评判西方与非西方国家之间的联系……尽管学者们在关于非西方地区的研究中，大多力求摆脱欧洲，但是我认为：要超越欧洲中心论，首先应当回到欧洲；应当将欧洲民族国家形成与资本主义发展的实际发生情况，作为历史过程而非抽象的理论模式，认真进行讨论。"[1] 王国斌先肯定了走出"欧洲中心"的单元论的意义，接着又提醒大家不能走向另一个极端，即完全不保留欧洲历史进程的成功经验。这是一个客观冷静的历史主义的态度："反对西方中心主义而又不拒绝欧洲经验，这是该书的一大'新'之处"[2]。后文进一步申明了这一层意义："不应因为反对欧洲中心论，就断言以欧洲为标准来进行比较不对；相反，我们应当扩大这种比较。为了进行更多层面的比较，我们特别应当以中国为标准来评价欧洲。这种策略可能在必要时修改旧有见解而后用之，而不是将这些见解视为敝屣而抛弃之。欧洲中心论的世界观固然失之偏颇，但从其他的中心论出发来进行比较，情况亦然。如果我们在普通问题的研究上培养起多元化的

---

[1] 王国斌著，李伯重、连玲玲译，《转变的中国——历史变迁与欧洲经验的局限》，南京：江苏人民出版社，2010年第2版，导论部分第1—2页。

[2] 李伯重，《理论、方法、发展、趋势——中国经济史研究新探》（修订版），杭州：浙江大学出版社，2013年，第174页。

观点，那么就能对历史上的诸多可能性的问题，提出新的见解"①。这段话较为完整地论述了作者关于历史比较研究的方法论，可能是由于作者不善于抽象的哲学概括，这段话读起来很难给人一个具有哲学高度的清晰的方法论观念，因此有学者对其进行了总结和理论提升：吴承明在对其所做的书评中首先进行了概括（此书2010年再版时，该书评被作为"中文版序"收入）："本书作者提出了一种独特的比较研究方法，即一方面用欧洲的经验来评价在中国发生的事情，另一方面则用中国的经验来评价欧洲。通过互为主体，得出新的行为模式和价值观念"②；李伯重则进一步概括为"空间与时间的双向交叉比较"，"在空间方面，不仅从欧洲的立场出发看中国，而且也从中国的立场看欧洲，该书中称为'对称性观点'（symmetric perspectives）；而在时间方面，则不仅站在近代的角度看过去，而且也站在先前某一时点看后来，该书中称为'前瞻性分析'（prospective analyses）和'回顾性分析'（retrospective analyses）"③。

也许是因为《转变的中国——历史变迁与欧洲经验的局限》并不是一本专门探讨历史比较研究的史学理论著作，而是一部从历史比较视野下探求中国社会历史变迁的实证性著作，所以其中所应用的方法并没有刻意地做哲学提升。该书抓住民族国家形成与资本主义发展这两个现代进程中最主要的指标，从经济变化、国家形成、社会抗争三个方面来做中国和西欧的历史比较研究，并希望从比较所得的更大范围的社会演变轨迹中，来探讨中国现代化的特点。唯其如此，其所总结的方法论是在历史研究的实践中进行了同步实验，避免了空谈与假想性。

王国斌的著作《转变的中国——历史变迁与欧洲经验的局限》的英文版1997年由康奈尔大学出版社初版。中文版1999年由江苏人民出版社纳入"海外中国研究丛书"出版，2010年江苏人民出版社又出版

①王国斌著，李伯重、连玲玲译，《转变的中国——历史变迁与欧洲经验的局限》，导论部分第3页。
②吴承明，《中西历史比较研究的新思维》，《读书》1998年第12期。
③李伯重，《理论、方法、发展、趋势——中国经济史研究新探》（修订版），第174页。

了第二版。在王氏著作英文版公开出版的前一年即 1996 年，中国本土学者、长期从事中西历史比较研究的历史学家刘家和先生发表了《历史的比较研究与世界历史》① 一文，对历史比较研究中的"异同论"进行了具有哲学方法论意义的全面总结和理论升华。这篇具有总结性意义的文章主要贡献有两点。首先对历史比较研究中的异同关系作了哲学总结，以世界历史研究为例，通过对在比较研究不同阶段的异与同的不同层次的把握，完整地总结出通过异同比较达到史学认识的认知过程及其规律："在实际的历史研究中，我们时常可以看到人们在认识发展上的三个阶段：开始时我们看到的都是'异'，甲国和乙国不同，乙国又与丙国有异。在整个世界上没有一处完全相同，正如没有两个人完全相同一样。继而经过比较，人们又会发现，不同国家之间原来在甲方面有相同之处、在乙方面又有相同之处，以至有多方面相同之处。于是，人们的认识就达到了由异而同、由多而一的阶段。再进一步，人们不能满足于抽象的'一'，就又经过比较而认识到世界正是一个多样统一的有机整体。这样就完成了对世界历史的一次完整的认识过程，而且这样的认识过程实际是需要不断深入进行的。而全部这样的认识过程都必须也必然是在比较研究中实现的"②。这段精炼的论述虽然是借世界史研究而阐发，但是显然具有历史比较研究的普遍意义。该文的第二个贡献是指出了历史比较研究的局限性："我认为，历史的比较研究的局限性，就在于其自身离不开有意识的角度选择。因为，既有角度的选择，就必然有视域的规定性。而规定即否定，在选定视域以外的，自然就是被忽略了的。因此，如果我们不是清醒地认识这种局限性的存在，那么就必然会把自己一时比较研究所得视为绝对真理，从而陷于一种盲目自信的状态……随着条件的变化和发展，人们会不断发现新的比较视角。所以，历史的比较研究不是可以一次完成的，世界历史也不是可以一次写定的。这也可以说是一种历史主

---

① 刘家和，《历史的比较研究与世界历史》。
② 刘家和，《历史的比较研究与世界历史》。

义的态度吧。"①

刘先生对历史比较研究局限性的清醒认识，为比较研究设定了向未来开放的性质，这就为在此后的历史比较研究的实践中不断丰富、拓展自身提供了可能，也为后来的研究者在前辈学者成果基础上继续前进预留了空间。那么，历史比较研究的未来发展趋势何在？这是我们当前充分继承中外学者历史比较研究成果时所面临的首要问题。对这一问题的回答，还是要同整个中外历史比较研究历史及其时代背景的反思相联系起来："20 世纪以来中国史学研究难以离开西方因素的影响。在 20 世纪，中国史家从悲愤走向自信，近现代中国史学发展的历史也是一部学术信心重构的心理史。中西史学理论比较的历史与现实，贯穿着这一心路历程"②。这段对中西史学关系进行总结反思的话，较为准确地点明了中西历史比较研究的归宿：重构（中国自身）学术信心的过程。因此，进一步探讨中西历史比较研究的未来发展趋势，必定要与当前中国历史的前途命运与发展走向紧密结合，才是远绍一个多世纪以来历史比较研究正脉的不二选择。

## 三、主体性觉醒：历史比较研究与中国史学发展的文化定向

由于历史学科所特有的严谨性，人们在总结历史比较研究这一重要方法的学术发展史的时候，往往是对曾经应用过的理论进行描述与总结，普遍忽视这一方法的终极目的。上文对近代以来历史比较研究进行了理论总结，初步概括为"中心论"与"异同论"两个阶段。纵观比较研究的这两个阶段，我们就会发现无论是"西方中心论"，还是"中国中心论"，还是"辨异同"，都是中国传统史学走向近代新史学过程中的不断求解与寻找出路的阶段性认识能力所能达到的特定层次。在经历了百多年的探索后，我们应该日益明确，中国史学一定要在不

①刘家和，《历史的比较研究与世界历史》。
②陈新，《二十世纪以来中西史学理论比较史研究》。

断进行的比较研究中形成全新的形象，完成其自身的现代更新。这是历史比较研究的终极意义所在。

那么，比较研究视野下的中国史学的自我更新应该如何定位并展望其未来的发展趋势呢？我们认为，在经历了"中心论"阶段的如饥似渴的向西方学习，"异同论"阶段的"辨异同、明一多"式的取长补短，当前应该进入到中国历史自我更新的最后一个阶段：主体性觉醒。这种主体性的觉醒，是经过对自我和他者的反复比较、切磋琢磨后，充分吸收时代知识进步的一切成果后，形成与时俱进的新形象。换言之，形成新时代之中国历史学。这是近代以来，中国史学界所共同努力与求索的终极目标。

我们说，历史比较研究视野下中国史学主体性的觉醒是在中国文化现代化进程中为中国历史学前途所做的定向。正如耶尔恩·吕森所说："通过回忆、解释、表现过去，并形成了对他们自己及其世界的未来看法。在这种基本的和人类学的普遍的意义上，'历史'是某种文化对于过去的解释性回忆，它成了一种为现在的群体定向的方式。在当下为了文化定向而理解过去是一种基本的和基础的过程，说明该过程的理论是跨文化比较的起点。"[1] 由于中外语言表达的差别，这段话读起来有些绕，其要点就是：跨文化比较的目的就是对某一文化确定未来的发展方向。这一点用在历史的比较研究上非常恰当，我们持续百年的历史比较研究就是要为中国历史的未来发展确定方向。这一目标在此前的比较研究中也是日益显现出来。这其中，杜维运、王国斌、汪荣祖的研究实践从不同程度上都触及了这一问题，只不过没有达到方法论自觉的程度。

如前所述，吴承明评论王国斌的著作《转变的中国——历史变迁与欧洲经验的局限》："通过互为主体，得出新的行为模式和价值观念"[2]，

---

[1]耶尔恩·吕森著，陈新译，《跨文化比较历史学的若干理论分析》，见瞿林东主编《史学理论与史学史学刊》（2004—2005年卷），北京：社会科学文献出版社，2005年。

[2]吴承明，《中西历史比较研究的新思维》。

把这部主要运用中西比较方法来做实证研究的作品的史学理论价值揭示出来。这说明，王国斌所熟练运用的互为主体的比较研究方法，实际上已经开始超越比较研究的第二个层次——异同论阶段，开始进入到"得出新的行为模式和价值观念"阶段。

在求得中国历史近代新形象阶段另一位重要的史学家及其著作是汪荣祖和他的《史传通说——中西史学之比较》①（后文简称《史传通说》）。该书以《文心雕龙·史传篇》为基础，分立二十四个专题，每个专题的命名直接来源于《文心雕龙·史传篇》的原文。这些专题"分而述之，则中国传统史学的各学术领域诸如史书体裁、史学名家、史著名篇、史学精神、史学传统、史学功能、史学理论、史家的职责等等皆加以专门研究……合而观之，则此二十四个专题在中国史学发展史的主题贯穿之下，又相互联系，互为补充，形成了一个有机的整体——一部简明扼要的中国史学发展史……每一专题皆纳入中西史学的大视野中加以对比参验……这些相关的西方史学材料在其所说明对证的中国史学专题的体系下，也相对地形成了一个体系完整的西方史学发展史"②。汪荣祖先生的这种撰述方式，显然与前揭王国斌先生的《转变的中国——历史变迁与欧洲经验的局限》一书有异曲同工之妙。其书之价值也借众人之评价得以彰显。首先杜维运在为汪荣祖《史传通说》所作之序中说："中西史学，分途发展……平心比较两者，论其异同，究其短长，为当今学术之大工作。以宽广之胸襟，会通两者，取其折衷，则世界性新史学所从出之途径。"③ 杜维运的评价，正是对《史传通说》一书所蕴含的方法论意义进行了画龙点睛式的拔擢，使这本偏于具体研究的著作的方法论意义得以彰显。这一方法论是对美国乃至整个欧美中国史学家的历史比较研究方法的推陈出新："《通说》所蕴涵的中西史学比较的学术思想之意义同其他美国学者的探索是完

①汪荣祖，《史传通说——中西史学之比较》，北京：中华书局，2003 年。
②拙文，《属辞比事与疏通知远——由〈史传通说〉看美国学者中西史学比较研究的新思维》。
③杜维运，《史传通说·杜序》，见汪荣祖《史传通说——中西史学之比较》，第 4 页。

全不同的两个层次，前者是比较方法的不断演进，是方法论的探索；而后者则是在前者的基础上，转向对新史学思想产生方法的追求，是对学术终极目标实现的接近，是价值实现的探求，使中西史学比较完成了对具体方法的超越，而朝向求得新思想之产生而努力的新思维。"①在这一点上杜维运对《史传通说》的评价，其实也就是其自我史学比较观念的表现。杜氏在中西古史比较方面著有两部专著：《与西方史家论中国史学》②及《中西古代史学比较》③。贯穿这二部历史比较研究专书的重要思想就是在强调"中西史学比较意在会通"④。

王国斌、汪荣祖、杜维运三位史学家的力作共同向我们展示了中西史学比较的方法论演变进程，也共同地预示出其未来的发展方向：为中国史学在会通中西的基础上重新找回自身的主体性自信，或曰：主体性觉醒，从而完成传统史学的脱胎换骨，形成现代化的中国新史学。在这里有必要对"主体性觉醒"做一番疏解，以便于我们正确把握中国历史更新的现代走向。我们这里说的"主体性"可以借用黑格尔的"实体即主体"的理论加以理解。黑格尔在《精神现象学》的"序言"中有一段后来被概括为著名的"实体即主体"的论述："一切问题的关键在于：不仅把真实的东西或真理理解和表述为<u>实体</u>，而且同样理解和表述为<u>主体</u>……而且活的实体，只当它是<u>建立自身的运动</u>时，或者说，只当它是自身转化与其自己之间的中介时，它才正是个现实的存在，或换个说法也一样，它这个存在才真正是主体。实体作为主体是纯粹的简单的否定性，唯其如此，它是单一的东西的分裂为二的过程或树立对立面的双重化过程，而这种过程则又是这种漠不相干的区别及其对立的否定。所以唯有这种<u>正在重建其自身</u>的同一性或在他物中的自身反映，才是绝对的真理，而原始的或直接的统一性，

①拙文，《属辞比事与疏通知远——由〈史传通说〉看美国学者中西史学比较研究的新思维》。
②参见杜维运，《与西方史家论中国史学》，台北：东大图书公司，1988年。
③参见杜维运，《中西古代史学比较》，台北：东大图书公司，1988年。
④参见陈新，《二十世纪以来中西史学理论比较史研究》。

就其本身而言，则不是绝对的真理。"① 黑格尔的"实体即主体"首先是把实体自身理解为包含对立面，并因此而引发自身运动时，即成为"活的实体"的意义上，它才可以算作是主体。这一过程也是扬弃自身的矛盾与对立、重建自身统一性的过程。这一理论用在思考当前中西历史比较研究视野下探索中国历史的现代走向时，就是要准确把握中国历史的主体性，同时要不断地注意不要把这种主体性重新看作静止于某一历史高度的实体，从而失去中国历史不断从正反两方面吸收比较不同因素，不断完成自身新陈代谢的过程。自 2003 年开始，由《中国社会科学》杂志社牵头，组织召开了多次"中哲、西哲、马哲对话专家论坛"，来探讨在新的时代条件下会通中、西、马哲学的问题。其中具有重要意义的一次论坛是 2011 年举办的，其主题是："整合中国哲学、西方哲学、马克思主义哲学三大学科资源，面对当下的中国问题，建构当代中国哲学的新形态"。"建构当代中国哲学的新形态"这个分寸拿捏得恰到好处，这是因为主题的构思创意者有着良好的哲学训练。按照这样的思路，我们也要努力建构一种在新的历史时空坐标中向中西学界横向开放，向未来时代纵向开放的动态发展的新时代中国历史学新形态。

要之，本文对于传统史学向现代史学转型过程中自始至终所伴随的中西史学比较研究的历程进行了学术史性质的概括与总结。经过哲学方法论性质的抽象整理，中外历史比较研究先后经历了"中心论"（又包含"欧洲中心论"与"中国中心论"的消长）、"异同论"与"主体性觉醒"三个阶段。通过对这一历史比较研究的哲学概括，为当前建构中国历史学新形态提供了学术思想史的背景知识，以及未来发展的开放性前景，对于避免重新掉落近代之前的思维窠臼而未雨绸缪。

（原载《2017 年史学理论与史学史学术研讨会论文集》，
2017 年 12 月 15—17 日，北京师范大学）

--------

①黑格尔著，贺麟、王玖兴译，《精神现象学》（上卷），北京：商务印书馆，2011 年，第 12—13 页。

# 属辞比事与疏通知远

　　南朝梁代刘勰撰写的《文心雕龙》是我国古代文学理论的重要著作，以文辞瑰丽，体大精深，剖析文章利弊精确得当，而成为文学批评之宗。张之洞在《輶轩语》中，把《文心雕龙》与钟荣的《诗品》并列为"诗文之门径"，同时又称："《文心雕龙》，操觚家之圭臬也"①，足见其对该书的评价之高。刘勰是一个文学理论家，同时其理论思维亦及于史学，因而《文心雕龙》有《史传》篇，专门评述了先秦两汉至魏晋时期的历史著作，评论史事，探究史理，提出自己的史学理论。这是我国史学发展史上第一篇史学评论专篇，同时也是达到一定学术水平的史学理论著作，正如有学者称其"若隐现刘子玄《史通》之缩影"②。

　　美国弗吉尼亚州立大学汪荣祖教授所著《史传通说——中西史学之比较》（以下简称《通说》）以《文心雕龙·史传篇》为基础，分立二十四个专题，从中西史学比较的角度，"融通中外，参验古今"（见《史传通说·史任第二十四》），对中西史学的诸多重大问题分别加以梳理爬抉，然后加以比较参验，使中西史学于比较中显示出各自的发展脉络与体系，从而使二者的比较建立在各自独立的体系基础上，

---

① 张之洞，《书目答问二种》，北京：生活·读书·新知三联书店，1998 年，第 326 页。
② 杜维运，《史传通说》序，见《史传通说——中西史学之比较》，北京：中华书局，2003 年，第 3 页。

然后再论其异同，究其长短，观其会通，避免了游谈空疏之弊。这正是本书在中西史学比较，亦或范围扩大到中西比较方面，所体现出的与众不同之新境界。

"中西史学，分途发展，中西文明系焉。平心比较两者，论其异同，究其短长，为当今学术之大工作。以宽广之胸襟，会通两者，取其折衷，则世界性新史学所从出之途径。"① 这是中西史学比较的目的和意义之所在。在具体的中西史学比较工作中，则出现了不同的治学途径与方法。我们之所以说《通说》在中西比较上为我们展示出一个新境界，是在于把其置于当前中西史学比较研究的学术前沿加以定位与比较而得出的结论。

通观《通说》全书，其言"中西史学之比较"，并没有说明具体以什么样的理论与方法来"比较"，这恰是本书隐含有自己独立的比较史学方法之所在，也恰恰是本书的成就与价值所在。那就是，本书并没有落近世以来学术进展多以提出新方法为成就之窠臼，而是从某种意义上远绍中国学术"述而不作"之精益传统，将真知灼见寓于实事求是之具体过程中，因而其"述"既成而其学说亦"作"。因此，解读本书，可以分二个层次：

其一，掌握本书叙述之学术事实，以及在此基础上形成的中西史学之体系。

《通说》以《文心雕龙·史传篇》为基础，分立二十四个专题，包括：载籍、记事记言、彰善瘅恶、春秋、左传、战国策、太史公、传记、班固、后汉诸史、陈寿、晋代之书、百氏千载、盛衰、石室金匮、铨评、总会、铨配、信史、记编同时、素心、直笔、贯通、史任等。这二十四个专题的命名直接来源于《文心雕龙·史传篇》的原文，以一种类似于"关键词"的方式，选取了最能代表中国传统史学各个不同领域的关键词，分而述之，则中国传统史学的各学术领域诸如史书体裁、史学名家、史著名篇、史学精神、史学传统、史学功能、史学

---

① 杜维运，《史传通说》序，见《史传通说》，第3页。

理论、史家的职责等等皆加以专门研究，探赜索隐，使传统史学的各专门领域之知识脉络历历在目，明白晓畅；以此为线索，合而观之，则此二十四个专题在中国史学发展史的主题贯穿之下，又相互联系，互为补充，形成了一个有机的整体——一部简明扼要的中国史学发展史。这正是本书对中国传统学术所谓无形之形，无体之体的微言大义精神的继承与应用，此处暂不论这种中国式学术传统之得失，仅就其不轻言体系、划定框架这一点来看，实是中国传统学术具有无限发展之可能的一个重要的富有先进性的前提条件。这也是中国学术一个值得肯定的优良传统。《通说》一书所体现出来的著作精神，恰与此优良传统暗合，岂不是对中国学术真髓之把握所在？

　　作为以中国学术为基础的史学工作者，以中国学术特有的传统学术术语为媒介整理阐述中国史学之体系是其史命与责任，这是毫无疑问的。然而，本书作者作为一个以中西史学工作为己任者，其努力远不止于此，其还肩负会通中西、以窥"世界性新史学所从出之途径"①的远大使命。所以，《通说》在具体的行文之中，旁征博引，每一专题皆纳入到中西史学的大视野中加以对比参验。在每一具体问题的讨论中，都尽可能将西方史学相关之材料搜罗毕尽，并详加注释，说明出处，而"可发深思之译文，附录原文，以资参照"②。这既体现了作者学贯中西的深厚学术功底，又反映出其严谨规范的治学态度。这些相关的西方史学材料在其所说明对证的中国史学专题的体系下，也相对地形成了一个体系完整的西方史学发展史，同中国史学发展史的形成有异曲同工之妙。而在中西方史料共同说明每一个问题时，作者的工作重点在讲清楚各自"是什么"，而不轻下断言，必要时，只以简明之寥寥数语概括之。这样得出之结论，基础厚重，少有歧义，这亦是本书之优点之所在。

　　《通说》以中国传统学术话语论述学术问题的方法特点，我们可以用《礼记·经解》言"属辞比事，春秋教也"来概括其排比中西史料，

①杜维运，《史传通说》序，见《史传通说》，第3页。
②汪荣祖，《史传通说》凡例，见《史传通说》，第1页。

而成通说中西史学之基础的方法。《礼记集解》释"属辞比事"："属辞者，连属其辞，以月系年，以日系月，以事系日也。比事者，比次列国之事而书之也"①。

其二，在掌握了本书所叙述的基本学术内容之后，可以进一步得出其运思谋篇与行文架构之特点，从而总结归纳出其未发于言表之中西比较方法，这样就使本书在中西比较学上的重要意义得以体现出来，始见其述而后作之学说梗概的所在。

中国学术历来有无用之用，不言之教的传统。这一特点的值得肯定之处已如前揭。《通说》在立言宗旨上，多有受此传统影响之倾向。因此其著述更注重于要达到的学术目的，而不注重于具体方法的介绍，因为所谓方法即在行文结构之过程中。所以《通说》一书的另一个显著特点是寓具体之比较方法于求学术之真旨之过程中，如果要对这一过程加以动态描述的话，我们仍不妨同样用其一以贯之的中国学术话语概括为《礼记·经解》中的另一句话："疏通知远，《书》教也。"其意为："疏通，谓通达于政事；知远，言能远知帝王之事也。"② 不过用以说明《通说》一书的宗旨，则可重新发挥成：达于史事，知历史发展之前途。这样，就可以准确说明《通说》的鹄的所在。

《通说》着力于属辞比事，于排比中西史料过程中作扎实的史家功夫，而刻意于某一具体方法，惟其不刻意于方法，而直接面向于解决问题，则形成了对中西比较方法的超越。

其一，属辞比事对"中心论"的超越。

所谓"中心论"是在两种不同文化交流过程中，以其中的一方为中心，对另一方进行对比和价值判断。其思想"源于柏拉图，明确于基督教教义，经 18 世纪唯理学派论证，而完成于黑格尔的历史哲学"③。长期以来，西方学者把近代欧洲民族国家的形成和较早实现工业化归之

①孙希旦，《礼记集解》，北京：中华书局，1989 年，第 1255。

②孙希旦，《礼记集解》，第 1255 页。

③吴承明，《西方史学界关于中西比较研究的新思维》，载《中国经济史研究》，2003 年 3 期。

于欧洲文化的特殊性和优越性，而认为明清时期的中国是处在停滞不前的落后状态，鸦片战争以后中国发生的一些变化则是由西方文明的冲击引起的。这就是所谓"欧洲中心论"和"冲击——回应模式"。近二三十年，在美国和日本兴起了一种反对"欧洲中心论"的思潮。1984年，美国哥伦比亚大学柯文（Paul A. Cohen）教授出版《在中国发现历史》①，提出"以中国为中心的中国史的主张"。形成了一个与"欧洲中心论"截然相反的观点。这两种思潮，使中心论的两个极端在历史发展中得到了完全的展示。近年来学术界对"中心论"，无论是"中国中心论"还是"欧洲中心论"都作出了深入地分析和反思。事实证明，以任何一种文化为中心，都是预先设定了一个既有的价值标准，因而其求得之结果，只能是被现有思想发展进程的某一方面的统一，或言同化。而文化的统一或同化，并不是文化的发展。

《通说》却以属辞比事的方式，超越了中心论的模式，在具体的对比中完成了中西文化各自体系的排比与形成过程，从而为二者的会通与融合打下基础。在此基础上，所引伸出来的结论必将是超越二者的新的文化成果。

其二，疏通知远对"异同论"的超越。

近年来，在对"中心论"反思的基础上，美国学者中西史学比较上逐渐形成了代替它的"异同论"。认为只有既比较两者的'异'，又比较两者的'同'，才能看出各自的特色，"通过互为主体，得出新的行为模式和价值观念"②。这是国内学者对"异同论"的代表人物、美国学者王国斌的著作③的评价之一，从作评者的题目称其为"新思维"，足见其对这一理论的推重。同时，有学者把这一方法概括为"时空的双向交叉比较"研究方法④。这一方法，给出了中西比较的新思路，是

①柯文，《在中国发现历史——中国中心观在美国的兴起》，北京：中华书局，2002年。
②吴承明，《中西历史比较研究的新思维》，载《读书》，1998年12期。
③王国斌，《转变的中国：历史变迁及欧洲经验的局限》，南京：江苏人民出版社，1998年。
④参见李伯重，《理论、方法、发展趋势——中国经济史研究新探》，北京：清华大学出版，2002。

当前中西比较方法较为公认的前沿。这也代表了20世纪以来，美国学者在中西史学比较方法方面所经历了几个转折后而达到的新高度，概括地说："从20世纪50年代至今的五十余年中，美国的中国史研究经历了两次重要的转向：一是从'西方中心主义'转向了'中国中心观'；二是从'中国中心观'转向了'时空双向交叉比较史观'。前者以柯文为代表，探讨了中国史研究中以何者为参照系的问题；后者以王国斌为代表，探讨了单向度参照系的科学性和如何比较的问题。"①说明近五十年美国学者在中西史学比较方面筚路蓝缕，几经曲折取得了当前的成就，对这一总结进一步加以哲学概括，我们可以发现这些卓有成效的努力都在完成着一个共同的探索——求得中西史学比较方法的改进，从"中心论"到以"时空的双向交叉比较"研究方法为标志的"异同论"，方法论已经达到了足够的高度。而《通说》所体现出的疏通知远的特点，同"中心论"与"异同论"相比，则更加明确地给出了中西比较的方向：求得新的世界性新史学所从出之途径。换言之，《通说》所蕴涵的中西史学比较的学术思想之意义同其他美国学者的探索是完全不同的两个层次，前者是比较方法的不断演进，是方法论的探索；而后者则是在前者的基础上，转向对新史学思想产生方法的追求，是对学术终极目标实现的接近，是价值实现的探求，使中西史学比较完成了对具体方法的超越，而朝向求得新思想之产生而努力的新思维。但同"中心论"与"异同论"已广为人知相比，这一新思维尚未引起充分重视和讨论。

要之，《史传通说》属辞比事，寓方法于内容；疏通知远，使中西史学比较作为新史学所从出之目标明确突出，在实证中促成了比较方法的超越，而引中西史学比较进入新境界。

（原载《四川师范大学学报》（社会科学版）2005年第3期）

---

①乔新华，《五十年来美国对中国史研究的两次转向》，载《河北学刊》，2004年4期。

# 作为学术思潮的观念史研究方法

近代以来，观念史研究方法方兴未艾，而且有形成一个较大的学术研究思潮的趋势。特别是近 20 年以来，从港台到大陆，许多学科都自觉或不自觉地从某种程度上采用或吸取这一方法进行本学科的研究，且都取得了具有革新意义的研究成果。在这样的学术背景下，什么是观念史的研究方法？其历史演变、使用范围如何？观念史研究方法已经和将要对中国的学术研究产生什么样的影响？诸如此类的问题就是我们把握这一学术思潮首先要进行的基础性研究工作。

## 一、观念史研究方法的兴起及其对西方学术研究的影响

学术界一般认为，观念史（History of Ideas）的概念最早起源于法国启蒙运动，而观念史的研究则在 19 世纪末才出现。这一时期观念史研究的代表人物有英国的阿克顿和德国的狄尔泰。真正使观念史作为一个学科得以确立起来的人是美国霍普金斯大学哲学教授洛夫乔伊（Arthur · Lovejoy）。1940 年，观念史研究的专门刊物——《观念史杂志》（Journal of the History of Ideas）创刊。以此为标志，观念史研究在美国率先成为一个较为完整的学科。

有人把"History of Thought"（柯林武德用语）、"Intellectual History"（斯金纳、拉卡普拉及后当代作家用语）同洛夫乔伊的"History of

Ideas" 当作相同的范畴进行整体考察，这就把观念史同思想史相等同。同时，持这一观点的人认为"柯林武德可以算作思想史研究的开拓者，但他的观点并不被洛夫乔伊吸纳，而是在数十年后得到斯金纳和拉卡普拉的些许回应；洛夫乔伊则怀着推动跨学科学术史研究的理想，倡导一种以'内在'方式为主导的'观念史'研究，他在完成其历史使命之后，遇到了斯金纳的批评和拉卡普拉的反思。"①

我们认为，观念史是作为思想史研究的一个方法而存在的，在其产生的初期，并不能同思想史相等同，只能算作思想史中的一个分支。但是，在其产生之后，特别是由于洛夫乔伊的杰出贡献，使其发展成为一个独立学科之后，在不到一个世纪的时间里，影响不断扩大，逐渐渗透到文学、史学和哲学诸领域，因此目前的观念史研究方法又不能只限定于思想史乃至历史学这样单一的学科范围内。这也是本文在后边要进行探讨的，即思考观念史研究方法在各学科研究中的应用问题。下面，我们主要通过对两位代表人物：美国的洛夫乔伊和英国的斯金纳的学术观点进行分析，从而对观念史研究方法的产生和早期发展的特点进行初步的归纳与整理，以利于在具体的学术研究中进行借鉴与应用。

（一）洛夫乔伊的观念史研究

我们在探讨观念史研究的时候，首先要从洛夫乔伊的观点入手。了解洛夫乔伊的学术贡献的文本依据则是他本人出版于 1936 年的《存在巨链》（The Great Chain of Being）一书。正是在这部书中，洛夫乔伊教授提出了著名的"观念单元"（Unit Ideas）概念②。在该书的"导言"中，他对这一概念进行了阐述。他认为在西方思想传统中存在一些基本的、对西方思想发展有决定性影响的"观念单元"，这是"一些含蓄的或不完全清楚的设定，或者在个体或一代人的思想中起作用的，

①丁耘、陈新主编，《思想史研究》（第一卷），桂林：广西师范大学出版社，2005 年，第 3 页。

②在张传有、高秉江译《存在巨链》一书中（南昌：江西教育出版社，2002 年），"unit I-deas" 被译为"单元—观念"，我们在这里译为"观念单元"。

或多或少未意识到的思想习惯"①，而这正是观念史研究的基本单元。洛夫乔伊提出这个"观念单元"的意义在于，他认为这些东西由于已经固化到人们的日常生活中，而成为日常行为特别是思想的习惯，因此就常常是"不言自明"的和"心照不宣"的，因而往往会在不知不觉中成为人们思考问题的无形之网，束缚了人们思想的前进。所以，他要对这些"常识"性的观念单元做历史性考察，这就是观念史的工作。具体的研究原则，洛夫乔伊提出四条：

"第一，穿越不止一个历史领域，最终实际上是穿越全部历史领域，即观念单元以各种重要性出现于其中的那些无论是被称为哲学、科学、文学、艺术、宗教还是政治的历史领域，去追溯历史学家如此离析出来的每一个观念单元。

第二，观念史研究表达了一种抗议，即对由于各种民族和语言所造成的对文学以及某些别的历史研究的传统划分所产生的结论的抗议。

第三，特别关心在大量的人群的集体思想中的那些特殊观念单元的明晰性，而不仅仅是少数学识渊博的思想家或杰出的著作家的学说或观点中的观念单元的明晰性。

第四，作为观念史的最终任务的一部分就是运用自己独特的分析方法试图理解新的信仰和理智风格是如何被引进和传播的……如果可能的话，则弄清楚那些占支配地位或广泛流行的思想是如何在一代人中放弃了对人们思想的控制而让位于别的思想的。"②

由于对于上述观念史四个特点的概括是洛夫乔伊在一次演讲中提出来的，所以其语言风格偏口语化。为了方便理解，葛兆光简单地概括为："观念的传播和延续不限于一个历史时代、历史领域和民族国家，因此，观念史讨论的话题常常超越朝代、国界和语言，拥有更大的时间与空间，它拒绝从国籍和语言上切割对象，把自己拘束在狭小的

---

① 洛夫乔伊（或译拉夫乔伊），《存在巨链》导论，张传有、高秉江译，南昌：江西教育出版社，2002 年，第 5 页。
② 洛夫乔伊，《存在巨链》导论，第 15—20 页。

政治共同体和民族共同体中，它必须考虑超出国界的东西"①。其中，第四个特点的概括对于哲学史与思想史研究有更大的启示。因为这是对传统的历史研究往往聚集于精英人物进行了反思，同时提出注重一般民众的历史作用的思想。这一思想对于我们全面把握历史发展特点，起到了补充传统研究方法之不足的革新作用。正是在这样的反思与革新并重的思路指导下，洛夫乔伊在《存在巨链》一书中从西方文化中以"存在"为代表的关键性观念入手，讨论其穿越历史古今的演变规律，为观念史研究新方法做了示范。

洛夫乔伊的方法对美国的历史研究产生了很大的影响，随后也对亚洲的历史学研究产生了一定的影响。日本近代史学研究以注重观念探讨见长，甚至在某种程度上对单一概念的精细考证似乎成为日本史学界，特别是日本汉学研究中的一个拿手好戏。我们认为日本近代学术研究的这一特点在很大程度上是受到了观念史研究方法的影响。

观念史研究方法也对欧洲学术发生了一定的影。值得注意的是，观念史研究方法对欧洲的影响表现为一种双向互动式的特点。即在影响欧洲学术研究方法的同时，也受到欧洲学术方法的反作用，从而在某种程度上被欧洲学术界所发扬光大。欧洲学者对观念史研究的促进主要以剑桥学派为代表，其中重要的代表人物是上文提到过的昆廷·斯金纳和拉卡普拉。这里我们主要对斯金纳的观点加以分析。

（二）斯金纳对观念史研究方法的推进

众所周知，剑桥学派是以研究政治思想史闻名于世的。之所以如此，是因为他们在对传统的政治思想研究过程中，对以往一些看似根深蒂固的观念进行了追根溯源式的反思，从而发现长期以来形成的支配人们普遍思维的一些观念常常不是其最初的本意，而是被后世不断加工和修饰后形成的。这样，他们在这种反思的基础上，对一些重要的传统观念进行了重新的评价，从而使某些传统观念焕然一新，比如他们对洛克思想的重新认识、对马基雅维里思想的重新疏解，对霍布斯思想的反思，等等。

---

① 葛兆光，《思想史研究课堂讲录》，北京：生活·读书·新知三联书店，2005 年，第 269 页。

　　学术新成果的取得，往往源于新方法的应用和新材料的发现。剑桥学派创新的要点，就在于他们对研究方法的革新。这个方法的革新，主要是以斯金纳为代表，对洛夫乔伊的观念史研究方法进行了反思和推进。简要地概括就是，洛夫乔伊注重"观念单元"经历不同历史时期的内在演进规律的探索，从而归纳出跨时代、跨区域和跨文化的共同价值元素。这对于打破近代以来，由于科学思潮导致的学科分割所带来的学术研究视野日渐狭窄与封闭具有重要意义。但是由于洛夫乔伊的方法强调贯通，强调"穿越全部历史领域"，就会让人们在摆脱学科束缚的同时，无形中忽略具体的时代背景对历史事件的影响。斯金纳正是看到了这一方法的不足，从而提出了观念史的另一个不同的方法——"历史语境"方法。在斯金纳看来，任何观念都有其产生时的特定的条件与环境，而这些是不能流传的，后来的认识都是在后来者所处的语境下对原作者的理解，因此是有偏差的。研究者的工作是破除后人不断增加的解释方式所造成的对原作者的不准确理解，尽量还原原作者当时的语境，从而最大可能地求得接近于原初的观念。斯金纳的许多突破性成果正是在这一思路下取得的。比如，他为了对经典著作中的典型人物求得新的认识，就要对其所生活时代的背景重新加以全面的分析与把握，因而一反注重社会精英思想研究的传统模式，扩大思想背景和取材范围，将一般民众的思想也纳入到考察视野中，从而使他所还原的语境更加丰满和接近于原貌。斯金纳的这一方法实际上是对洛夫乔伊所提出的观念史研究四个特点中的第四点的继承与发展。斯金纳本人也成功地应用这一思路取得了开拓性的成果。比如"从对于马基雅维里和文艺复兴时期自由观念的追溯，发掘出了共和主义的自由观念。……斯金纳本人也因其对于'自由'等问题的考察和思想史研究的理论反思等层面的思想贡献，在其思想家的地位之外，也成为当代政治思想领域的一个重要理论家。"①

---

① 彭刚，《历史地理解思想》，载《什么是思想史》，上海：上海人民出版社，2006年，第203页注74。

经过斯金纳的推动，观念史研究方法形成了以历史分析见长的"观念单元"方法和正本清源见长的"历史语境"方法相互补充的状况。其贡献，首先表现在他在继承洛夫乔伊方法的基础上，反思长期存在的以精英思想为叙事主体的思想史研究，提倡平民思想史的写作。这样就促进了思想史学科的丰富和完善。与此同时，我们认为，从观念史所提供的启示来看，平民思想史的写作在展现了作为历史数量主体的人民真实的生活历程的同时，也使精英阶层的生活背景日益清晰，从而为更加清晰和全面地理解其思想提供了生动的背景知识。

观念史的研究方法在对历史学研究产生影响的同时，也逐渐地在文学领域和哲学领域以及文化研究领域产生了越来越大的影响。我们认为，在20世纪后半期盛行的解释学以及解构主义，从某种程度上也可能是吸收了观念史方法的一些成果，至少是相互借鉴的。总之，经过观念史研究专家及更多人的不懈努力，使该方法成为各学科的研究可以共同参考的文化资源，对人文学科在近代以来被科学主义思潮所导致的分裂状态，以某种新的方式实现新形式的整合成为可能。

## 二、观念史研究方法对国内学术研究的影响

观念史研究方法对中国的学术研究的影响体现出一种分学科、分阶段的特点，即在某一阶段主要对某一个学科领域产生影响。具体来说，观念史研究方法首先对文学研究，特别是文艺理论研究产生重要的影响；然后，对历史学，特别是思想史的研究产生影响；接着对哲学研究产生影响；最新的动向是，这一方法开始在广义的社会文化层面引起社会的关注。

（一）观念史研究方法对中国文学研究的影响

观念史研究方法对中国学术最早产生影响的领域，应该是中国文学研究。而且这种影响尽管随着历史的发展逐渐扩展到史学、哲学和文化领域，但是直到当前，它对中国文学研究的影响依然没有一点减弱的迹象，反倒日益加强。今天，在文学研究领域中日益成为热潮的

"关键词"（Keyword）研究，正是观念史研究方法在文艺理论研究中的独特表现形式①。

关于文学领域中以"关键词"（Keyword）研究热潮为特点的观念研究方法的应用，陈平原先生曾撰文加以专门论述②。陈先生主要从传统学术史的范畴考察了文学和史学领域的"关键词"（Keyword）研究热潮，为我们提供了观念史研究在中国发展的宏观轨迹。其中，对文学领域特别是文艺理论研究中的论述尤为详备。根据陈先生的研究，英美新批评早期代表人物瑞恰慈和燕卜荪对中国文学界产生了深远的影响。我们在对陈先生文章做进一步的分析后认为，瑞恰慈和燕卜荪所带来的方法与观念史研究方法具有一定的相似性，因此我们提出几点新的思考：

首先，瑞恰慈和燕卜荪在来到中国之前是否接受了观念史的方法。或者说他们二人本身是否有可能是观念史方法创新的参与者，因为在他们来中国讲学的时候，特别是瑞恰慈在华期间（1929—1931年），其著作早已出版，而这个时候，洛夫乔伊的《存在巨链》尚未出版（该书是在1935年出版）。

其次，陈先生通过对瑞恰慈、燕卜荪以及以朱自清为代表的中国现代文学研究代表人物的学术思想特点的分析，让我们看到他们在20世纪三四十年代所使用的文学批评手法，几乎与我们上文所述的观念史研究方法如出一辙。这就留给我们广阔的思考空间。

最后，更值得我们思考的是，陈先生还认为"关注'批评的意念如何发生，如何演变'这一研究策略，不见得非从瑞恰慈和燕卜荪那里拜师学艺不可，传统中国学术也有类似的思路"。对于这一观点，作者举了朱自清在《评郭绍虞〈中国文学批评史〉上卷》（1931年版）中就体现出对旧有观念进行反思的思路，而且说明这不一定是受了瑞

①葛兆光也认为"'关键词'（Keyword）研究，如果它追溯历史，那么笼统一点说，也是观念史的研究嘛。"见葛兆光，《思想史研究课堂讲录》，第272页。
②参见陈平原，《学术史视野中的"关键词"》（上）、（下），连载于《读书》2008年第4、5期。

恰慈和燕卜荪的影响。

　　这样看来，他又将这一话题引向了更广泛的中西学术思想发展的历史比较上来，引发我们更深入地思考的同时，也必将使我们联想到这一方法将扩大影响，触及史学乃至更广泛的学科领域。

　　（二）观念史研究方法对国内哲学、历史学及文化研究的影响

　　近代以来，东西方学术界对新方法的引进往往都是由文艺理论界开风气之先。比如学术界对德里达学说的接受就是一个典型的例子。而在中国，学术界对观念史研究方法的接受，同样也是如此，即先由文艺理论研究者率先应用，然后再扩大到其他学科。时至今日，其影响几乎渗透到文、史、哲等所有的人文、社科领域。

　　观念史研究方法对史学研究与哲学研究发生影响的起始时间较早，其特点是往往是对哲学与史学（特别是思想史，当时与哲学史并无明确的学科区分）同时发生影响。根据陈平原的研究，胡适《戴东原的哲学》①、傅斯年的《性命古训辨证》② 可以看作是广义的观念史研究成果。这里需要我们进一步思考的是，胡适揭橥这一方法是在 1923 年，这时距胡适 1917 美国留学归来已经有 7 年时间，而距洛夫乔伊的代表作《存在巨链》1935 年公开出版尚有 12 年时间。那么，胡适是否受到了国外观念史研究思潮的影响呢？毕竟，胡适曾经于 1910—1917 年在美国经历了长达 7 年的留学生活，而且他还是一个对时代潮流嗅觉特别敏锐和超前的人，因此才能在回国后，不断引领国内思想界的新潮流。他作为时代潮流的先知先觉者，是否同西方的观念史家一样，几乎同时达到了同样的理论自觉？正如陆九渊所谓"东南西北有圣人出焉，同此心同此理也。"

　　观念史研究方法对中国的文史学界发生全面影响的时期应该自 20 世纪 80 年代后期开始。总的特点是：先从文艺理论界到史学界，然后从史学界到哲学界，最后再到大众文化界。按照这样的演进途径，观

---

①姜义华主编，《胡适学术文集·中国哲学史》（下），北京：中华书局，1991 年，第 997 页。
②傅斯年，《性命古训辨证》，桂林：广西师范大学出版社，2006 年。此书初版于 1940 年。

念史研究方法影响不断扩大，到今天几乎形成了一种学术思潮。著名历史学家、思想史家钱穆先生的《晚学盲言》一书可能也是受这一思潮影响的产物。在我们看来，该书是应用观念史方法取得的杰出成果。该书是"作者在 86 岁时患眼疾以致目盲不能视人，罔论读写的情况下，自己口述，夫人笔记，然后口诵耳听，一字一句修改订定。终迄时已 92 岁高龄，爱题曰《晚学盲言》。……主旨为中西文化传统之异同。"① 本书成稿于 1986 年。全书选出中国文化中的 90 个代表性概念，进行逐一梳理，且是在中西比较的视野下进行的。这是钱先生晚年的重要作品，显示出其对学术发展潮流的深刻理解和领悟。

也正是在钱先生著作问世的前后，中国的文史学界特别是以港台地区为代表，逐渐形成运用观念史方法推进学术研究的风尚。在这一过程中，人们对观念史方法的理解逐渐加深，进入到对传统学术方法与学术观念进行反思与重构的时期。这一时期的重要成果是对传统思想史与哲学史的精英模式的反思，以及在此基础上，进行精英与民众思想并重的思想史与哲学史的写作。虽然这一反思最先是由梁启超在20 世纪初的《中国历史研究法》中对中国历史"帝王将相家谱"式的写作提出批判而揭示出来，但真正把反思与重构结合起来，还是在 20世纪 90 年代之后。葛兆光先生的思想史写作可以看作是这一重构过程的重要标志成果。当然，葛兆光的思想史研究是一个综合性的成果，不能简单化为观念史的成果。但我们从其最后所达到的效果来看，从某种程度上实现了观念史方法下对原有精英思想之产生背景的民众思想的重新描述，以求更好地展示一个时代思想之全面状况这一目标。另外，在 20 世纪 90 年代流行的文化史研究热潮也正是这一学术研究方法影响下的反思性成果。

进入 21 世纪以来，观念史的方法更加普遍地应用于文史哲诸学科的研究中。其特点是日益显示出与中国传统训诂学在某种程度上的契合性。所以在当前的历史学特别是思想史，以及中国哲学史的研究中，

---

①钱穆，《晚学盲言》封二简介，桂林：广西师范大学出版社，2004 年。

以观念史的方法重新对代表中国传统思想与文化的重要概念进行重新
训释，以求打破相对较长时期的学术成见，从而推动思想史与哲学史
向前发展，成为当前一个较为普遍的学术思潮。当前，以重要的文化
观念的历史演变为线索，观念史方法在中国文化界也促成了一种理解
历史与文化的全新视角。值得我们关注的是，这种理解方式不仅仅是
对中国文化，也包括对西方文化的理解。

## 三、观念史研究方法的学术定位及其启示

观念史研究方法正逐渐形成一种新的学术研究方法的思潮，同时
也正在形成一种新的理解中西方文化特点的思潮。因此，如何对其进
行恰当的学术定位，如何把握对它的使用限度，以及如何正确理解其
学术意义与价值，就成为我们当前所要注意的问题。

（一）观念史研究方法的学术定位

首先要注意观念史与观念史研究方法的区分。所谓观念史，是历
史学中的一门分支学科。如前所述，它形成于十九世纪三四十年代，
主要由于洛夫乔伊的努力，使这门新生的历史学分支学科形成了独立
的学科。而观念史研究方法，则是指在观念史研究中逐渐形成的、以
对思想观念的考察为主要特点的研究方法。通过这一区分，我们要说
明的是，观念史研究方法不仅仅限定于观念史专业本身的范围，而是
由于其方法具有普遍的启示意义，因而逐渐超出了观念史的学科范围，
而被文学、哲学等其他学科所广泛应用，几乎形成了一种影响较广泛
的观念史研究方法的思潮。这一点，是我们在理解与应用这一方法时，
所必须区分清楚的。

其次，为了进一步准确地掌握和应用这一方法，还要掌握好这一
方法的使用限度。所谓使用限度，就是要针对不同的学科特点，掌握
不同的使用分寸。为了处理好这一使用分寸问题，我们还要正本清源，
从观念史的学科定位入手，进行分析。这里边，我们要作两个层次的
分析：一个是观念史在历史学科中的定位，主要是与思想史的关系；

另一个是观念史与哲学史及文化史的关系。关于前者，我们认为，观念史是历史学中的一个分支学科，在西方经常等同于思想史，当然在不同的国家有不同的情况。关于后者，我们认为，观念史是介于哲学史与文化史之间的学科。

之所以做这两方面的区分，是为了让我们明白观念史研究方法最初的学科定位背景，从而为我们将其引伸到其他学科的研究中，正确地结合应用对象的学科特点进行恰当使用准备了基础知识。例如，将这一方法引入哲学史研究中，我们通过上边的学科定位关系，就要注意结合哲学史的学科特点进行研究，若仍然按照观念史的方法进行研究，就等于把哲学史研究也变成了观念史研究。因此，正确的使用方法是要在区别好二个学科不同特点的前提下，进行各有侧重的研究，比如同样研究一个概念在哲学史研究中的侧重点与在观念史（思想史）研究中的侧重点是不同的，正如罗格·斯柯鲁顿所认为："哲学史关注的是对哲学结论与观点之内容的描述，而不是对于这些观点与结论之间的关系以及导致这些结论与观点的影响因素的描述。"①

（二）观念史研究方法的意义及其启示

观念史研究方法在其从属于历史学领域的时候就体现出了注重历史的分析与跨学科综合分析的特点。它是针对西方长期以来注重单学科逻辑分析的传统，特别是近代科学主义思潮对人文学科研究方法的影响，重新恢复人文学科所固有的综合分析的特点，从而为人文科学走出科学主义的影响，恢复其本来面目，提供了一种可能。正因为如此，我们就不难理解近年来文史哲等几乎所有的人文学科，都在自觉与不自觉地将观念史研究方法引入本学科的研究中，而且有日渐成为一种潮流的趋势。在此意义上，观念史研究方法的应用意义首先是为人文学科的跨学科研究提供了一种行之有效的方法。

---

①Roger·Scruton, *A short history of modern philosophy* ［M］, London, Routledge, 1993, P2。原文为：the history of philosophy concern is to describe the content of philosophical conclusions and arguments, and not the context in which they occurred or the influences which led to them.

　　观念史研究方法的另一个意义是为学术研究在返本与开新的交替进行中向前发展提供了理论与操作依据。学术的创新往往是在继承的基础上开新。观念史研究方法让我们回归经典，以观念单元的清理为切入点，以时代语境的还原以及不同时代语境的穿越与贯通相结合，从而为我们的学术研究推陈出新，取得实质性进展提供了可能。

（原载《北京印刷学院学报》2011 年第 3 期）

诸子学探研

# 试论《吕氏春秋》的君道思想

　　《吕氏春秋》成书之际，战国纷争局面即将结束，统一的历史趋势日渐明朗；学术思想也由春秋战国时期的百家争鸣走向相互渗透与融合。诸子学说经过旷日持久的争辩，没有任何一家能替代诸家，而一统天下之思想。因此到了战国末期，各家也开始反思自己的学说，逐渐由争鸣走向相互渗透、相互融合的相反相成的道路。这时的诸子：

　　　　其言虽殊，辟犹水火，相灭亦相生也。仁之与义，敬之与和，相反而皆相成也。《易》曰："天下同归而殊途，一致而百虑。"①

　　随着天下统一历史趋势的出现，学术思想也出现殊途同归的走向。《吕氏春秋》就是在这样的历史背景和学术发展趋势下编撰成书的。《吕氏春秋》的编撰者敏锐地把握了这一历史和学术发展趋势，兼收并蓄诸子百家思想，经过取舍整合，形成一家之言。

　　《吕氏春秋》的这种编撰方法，体现了其对学术思想发展进程的准确把握，与春秋战国时期的百家争鸣相比，无疑是学术风气之一变②。那么，"诸子之学兼有之"的《吕氏春秋》是否就是百家学说的简单汇编呢？班固在《汉书·艺文志》中给出了明确的答复，把它列入了杂

①班固，《汉书·艺文志》，北京：中华书局，1962年，第1746页。
②有的学者概括这一转变过程为"从分到合的学术趋势"，见周桂钿，《中国历代思想史·秦汉卷》，台北：文津出版社，1994年12月，第1—3页。

家，显然承认它自成一家的地位。《吕氏春秋》是在辑录诸子思想的基础上自成一家，那么它捃采诸子思想的出发点和原则就成为其自成杂家的关键所在。对此《汉书·艺文志》做了总结：

> 杂家者流，盖出于议官。兼儒、墨，合名、法，知国体之有此，见王治之无不贯，此其所长也。及荡者为之，则漫羡而无所归心。①

颜师古训其中的关键句"知国体之有此，见王治之无不贯"为"治国之体，亦当有此杂家之说"，"王者之治，于百家之道无不贯综"②。杂家学说是兼采儒法、合取名墨而成。它所擅长的是讨论"治国之体"与"王者之治"，也就是为君之道。作为杂家的代表作之一，《吕氏春秋》也正是以此为宗旨。从这一角度出发，君道思想自然成为贯通全书的主要线索。所谓"于百家之道无不贯综"说明《吕氏春秋》的君道思想是在对先秦诸子君道思想加以综合贯通后形成的。因此，研究《吕氏春秋》君道思想的同时对其如何取合先秦诸子思想而形成杂家体系加以探讨，既抓住了《吕氏春秋》一书的内在的主旨，又能够认识《吕氏春秋》杂家体系的形成特点，进而对把握秦汉之际学术思想的转变具有重要意义。

## 一、《吕氏春秋》君道思想的内涵

在先秦时期，人类处于迈入文明门槛的初期阶段，同当时的认识水平和意识形态所达到的阶段（神意史观阶段）③ 相适应，君主常常要借助神意来神化自己的统治。这样就必然要面对两个关系的处理问题：国君与天（神）的关系即天人关系；国君和他所统治的人民的关系（即人人关系）的问题：

---

① 班固，《汉书·艺文志》，第 1742 页。
②《汉书·艺文志》颜师古注，《汉书》，第 1742 页。
③ 白寿彝，《白寿彝史学论集》（下），北京：北京师范大学出版社，1994 年，第 837—840 页。

统治者一方面代表人和神打交道，另一方面又作为神的代表来统治人民。中国古代的君主以及许多其他古国的君主都说自己得到"天命"或者"神的命令"，这不是偶然现象，是具有一般性的。①

对于这两个关系处理的方式不同则显示出了不同文化的特色。概括起来，中国古代天人关系的处理显示出重人事（或人心）的"人文研究的传统"，而在人人关系上则显示出把人理解为"伦理的动物"之特点②。君道思想在对这两重关系的处理上是要随着历史的发展不断增加新的理性因子，才能不断推陈出新，从而使它具有不断焕发之生命力的。西周时期，辅以血缘特色的宗法制度，王权一度加强。春秋战国时期，礼崩乐坏，学者经过反思，对如何重振君道，一统天下而提出了各种设想，因而形成了不同派别的君道思想，但是其思想体系仍然是从属于这两重关系的框架下。

《吕氏春秋》成书于战国末期，其书形式上虽庞杂多绪，而就君道这一角度看来，则完全是对先秦诸子的继承与发展。下面就从这两个方面来整理一下《吕氏春秋》为君之道的具体内涵及其对诸子思想中相关内容的取舍与整合。

（一）天人之际中的君道思想

天人关系的问题是先秦时期统治者所共同关注的一个传统问题。如何处理天人关系，就成为统治者所面临的一个重要任务。处理这一问题的前提条件是对天之属性的认识。

先秦时期，人们在处理天人关系问题上，有着把天神秘化的传统，统治者也借此使自己的王权不断神化，以利于自己的统治。殷周统治者都宣扬君权天授，天成为周以后至上之神的代称。这之后，随着人类认识水平的不断提高，王权日益神化的同时，天的属性也在不断发

---

① 刘家和，《关于中国古代文明特点的分析》，见氏著《古代中国与世界——一个古史研究者的思考》，武汉：武汉出版社，1995年，第510页。

② 刘家和，《论中国古代王权发展中的神化问题》，见氏著，《古代中国与世界——一个古史研究者的思考》，第556页。

展变化，如《论语》认为"死生有命，富贵在天"，将"意志之天"抽象化为"命运之天"。墨子认为天有意志，能赏善罚恶。他的天意实际上是民意，但仍保留着神的外衣。荀子则把天解释为自然界，认为人定胜天，完全消除了天的神秘性①。

《吕氏春秋》直接继承了荀子的自然界之天的观点，承认了天的自然属性：

> 天有九野，地有九州，土有九山，山有九塞，泽有九薮，风有八等，水有六川。②

> 民无道知天，民以四时、寒暑、日月、星辰之行知天。四时、寒暑、日月、星辰之行当，则诸生有血气之类皆为得其处而安其产。③

《吕氏春秋》对天的认识显然吸收了当时的天文、地理等知识，对传统的神化之天做了自己的论证，界定出天的自然属性。

在此基础上，《吕氏春秋》提出了处理天人关系的原则"法天地"和具体方法"无为而行"与"贵因"，作为贯穿全书的指导原则。我们先看"法天地"与"无为而行"，在卷十二的《序意》篇中就有明确的论述：

> 盖闻古之清世，是法天地。凡十二纪者，所以纪治乱存亡也，所以知寿夭吉凶也上揆之天，下验之地，中审之人，若此则是非可不可，无所遁矣。天曰顺，顺维生；地曰固，固维宁；人曰信，信维听。三者咸当，无为而行。

可见，"法天地"的指导原则在具体的实践中就体现为"无为而行"，这样就使天人关系的处理为实践提供了指导原则。要深入理解《吕氏春秋》君道思想中天人关系的内涵，可以从分析其思想来源上入

---

① 任继愈，《中国哲学发展史》秦汉卷，北京：人民出版社，1985 年，第 23—24 页。
② 《吕氏春秋·有始》，见陈其猷，《吕氏春秋新校释》，上海：上海古籍出版社，2002 年，第 662 页。后引《吕氏春秋》皆为此版本，只注篇名和在陈其猷《吕氏春秋新校释》中之页码。
③ 《当赏》，见陈其猷，《吕氏春秋新校释》，第 1619 页。

手。经过分析，《吕氏春秋》的"法天地"及"无为而行"思想源于先秦时期道家思想，但其无为思想又区别于道家，因而可以说是杂家式的无为。下面，我们不妨以这样的线索来做一下具体的分析，了解《吕氏春秋》取舍诸子思想的具体方法，从而有利于准确地把握所谓杂家的特色所在。

老子提出"无为"的思想，实际上是其"道法自然"思想的进一步说明。其要点在于"无为而无不为"。我们要确切理解老子"无为"的含义，则要从这句话入手。实际上，老子的无为是有双重含义的。其一，道法自然是从自然界的角度来看，道生万物，自然而然，所谓自然无为。这是老子对自然规律性的认识。其二，在认识了自然无为的前提下，道法自然的目的是为行其道。这样就由自然无为而臻实际生活中的无不为的境界。这就是老子行其道的方式。可见，老子论道，是把自然规律哲学化，再以哲学化的规律来指导改造自然的活动。《吕氏春秋》对老子无为思想的二个层面都分别地加以把握和汲取，既认识到了道法自然的层面而提出法天地，又认识到了无为无不为的层面而提出了无为而行。这样就把老子的思想全面准确地把握并融入全书，成为重要的指导思想。

在继承道家无为而后，《吕氏春秋》又以"贵因"加以补充与发展。"因"作为一个概念，古已有之。如《论语·为政》有"殷因于夏礼"。然而"因"作为一个具有哲学涵义的概念，则是战国中期之后的事情了。这一任务是由稷下道家完成的。稷下道家提出"静因"之道，是对传统的"因"之概念的深化和发展。稷下道家是从治国之术（所谓道）的角度来对"因"加以阐述与发展的。其涵义是君主在治理国家的时候，首先要排除心中的主观见解，不作先入为主的思考，是为静心；然后，按照事物的自身特点和规律来行事，即"因"。

《吕氏春秋》在稷下道家成就的基础上，对"因"作了进一步发展，提出"贵因"这一概念，把其法天地原则具体化。书中《贵因》篇从不同的角度论述了"贵因"的内涵，说明了这一原则在人君立身行事中的各个方面都起着至关重要的作用，并把这一原则推广应用于全书，皆用其以资治道：

> 故有道之主，因而不为，责而不诏，去想去意，静虚以待，不伐之言，不夺之事，督名审实，官使自司，以不知为道，以奈何为实。①

又言：

> 古之王者，其所为少，其所因多。因者，君术也；为者，臣道也。为则扰矣，因则静矣。因冬为寒，因夏为暑，君奚事哉？②

为君之道在于静虚自持以待，因用臣下而不自劳。这里既可以看出对稷下"静因"之道汲取之痕迹，又表明了《吕氏春秋》"贵因"之道的实用意义所在。"贵因之道"同"无为而行"一样，是《吕氏春秋》全书的主导思想"法天地"思想的进一步具体化。《吕氏春秋》提出贵因之道，是对传统学术思想中"因"之概念继承的基础上，进一步的系统化和一定程度的哲学化。这样的方式体现出了杂家的特色所在。

综上所述，《吕氏春秋》认为君主在处理天人关系的问题上应该以"法天地"为指导原则，以"无为而行"与"贵因之道"为具体实行方法。其关系为：

法天地──→无为而行──→贵因

而这一切实际上是为君道思想提供了理论基础。

（二）人人之际中的君道思想

《吕氏春秋》中关于人人之际的思想主要体现于两重关系的处理上，即：君臣关系、君民关系。

1. 君无为而臣有为——《吕氏春秋》的君臣关系思想

在处理与君联系最直接的群体——臣的关系问题上，《吕氏春秋》是以君无为而令臣下有为这一原则行事。这实际上是把老子无为无不为思想贯彻到实际的为君之道中，也就是它自己所提出的"无为而行"

---

① 《知度》，见陈其猷，《吕氏春秋新校释》，第 1103 页。
② 《任数》，见陈其猷，《吕氏春秋新校释》，第 1076 页。

观点的具体运用。无为是为了行，行其君道。在自己无为而行其道的前提下，使臣有为，这样君主则可因臣之所为而于无为之中收无不为之效，此即为其另一原则"贵因"之具体应用。具体说来，其思想可分为以下几个步骤：

（1）君持无为

夫君也者，处虚素服而无智，故能使众智也；智反无能，故能使众能也；能执无为，故能使众为也。无智、无能、无为，此君之所执也。①

故曰天无形，而万物以成；至精无象，而万物以化；大圣无事，而千官尽能。此乃谓不教之教，无言之诏。②

这些论述集中表达了君主所应执守的清静无为状态。君主只有做到"无智无能无为"的状态才可行君道，从而使千官尽能，达到"不教之教，无言之诏"的无为而治状态。

（2）君臣各明其责

君主做到了清虚自守后，还要把具体的事务分配给臣下去做，使臣下有为。

主执圆，臣处方，方圆不易，其国乃昌。③

凡人主必审分，然后治可以至，奸伪邪辟之途可以息，恶气苛疾无自至。④

君主要区分好自己与臣下的不同职守，自已要处虚素服以待，而让臣下去做各种具体的事情。

（3）君主因臣下所为而至无不为

君主以无为思想作为指导，处虚素服，审分君臣之职，明确各自分工，而后授权臣下各司其职去做各项具体事情，从而能更好地驾驭臣下。在这样的方针指导下，君主实际是在因循臣下的智慧和行为，

---

① 《分职》，见陈其猷，《吕氏春秋新校释》，第1666页。
② 《君守》，见陈其猷，《吕氏春秋新校释》，第1060页。
③ 《圆道》，见陈其猷，《吕氏春秋新校释》，第174页。
④ 《审分》，见陈其猷，《吕氏春秋新校释》，第1039页。

坐收其成，从而达到其无不为的治道境界。这就是《吕氏春秋》君道思想在处理君臣关系上所达到之目标。此即为"贵因"论的意义之所在。如前所述，所谓：

> 古之王者，其所为少，其所因多。因者，君术也；为者，臣道也。为则扰矣，因则静矣。因冬为寒，因夏为暑，君奚事哉？故曰君道无知无为，而贤于有知有为。①

所谓"因者，君术也"，是因为"因则静矣"。这样即可收到静虚以待，顺应形势，因循臣下所为而为己用之效果。从而，通过这种"君道无知无为"，达到"贤于有知有为"的境界，即《吕氏春秋》所主张的无为而行的境界。这显然与老子的无为而无不为有异曲同工之效。

（4）劳于论人而佚于官事——求取贤臣之道

君因臣下所为而行其道，求取贤臣就成为关键。先秦时期，臣主要来自另一重要的阶层——士。《吕氏春秋》在处理与士阶层的关系方面也有系统的论述。士一旦为君主所得，即被视为贤。贤是能帮助君主匡扶天下，行其君道的。因此，中国古代在对待士的问题上，有尚贤的传统。《吕氏春秋》在对待士的关系中，继承了这一传统，并把这一传统发挥到一个新的高度，它甚至认为"行理生于当染，故古之善为君者，劳于论人，而佚于官事，得其经也"②，把品评、求得贤人看得比做具体的事情还重要。

《吕氏春秋》在处理与士人的关系时，认识到从士群体中得贤，是对先秦诸子尚贤思想的继承。同时，它也有自己的思考和理论根据。那就是它认为事物："类固相召，气同则合，声比则应。"③ 这也就是一种事物间的感应说。在君道思想这一层上，《吕氏春秋》把其感应说发挥到了君与其身边众人关系中去。因为事物之间存在感应，君主身边人皆为贤士，则可以相互影响，成就大业。反之，则会国破身辱。这

---

① 《任数》，见陈其猷，《吕氏春秋新校释》，第 1076 页。
② 《当染》，见陈其猷，《吕氏春秋新校释》，第 97 页。
③ 《应同》，见陈其猷，《吕氏春秋新校释》，第 683 页。

在《当染》篇有详实之论证。因此，它提出"劳于论人而佚于官事"之观点，目的是使更多的贤人聚集于君主身边，不但从具体的治国方略上提供智谋，同时也形成了贤人环境，并且认为这种环境对君主具有重要的影响。对于贤人政治的这一层认识和重视，是《吕氏春秋》先进于诸子之所在。

《吕氏春秋》在对待士的问题上，把重视求贤上升到一定高度的同时，也提出了具体的求贤之法，即求得人才之方法。这在《吕氏春秋》中亦有专篇论述：

> 凡论人，通则观其所礼，贵则观其所进，富则观其所养，听则观其所行，止则观其所好，习则观其所言，穷则观其所不受，贱则观其所不为，喜之以验其守，乐之以验其僻，怒之以验其节，惧之以验其特，哀之以验其人，苦之以验其志，八观六验，此贤主之所以论人也。论人者，又必以六戚四隐。何谓六戚？父母兄弟妻子。何谓四隐？交友故旧邑里门郭。内则用六戚四隐，外则用八观六验，人之情伪贪鄙美恶无所失矣，譬之若逃雨，污无之而非是。此圣王之所以知人也。①

这里把识别人才的方法概括为"八观六验"和"六戚四隐"。对外要用"八观六验"，对内要用"六戚四隐"，这样"人之情伪、贪鄙、美恶无所失矣"。

《吕氏春秋》在处理君主与士人之关系时，继承和发扬了传统贤人政治观，并归纳出详细的选贤之标准，使君主处理与士人的关系有了切实可行的方案。

2. 为天下及国，莫如以德——《吕氏春秋》君道思想中的君民关系思想

在君主同平民百姓的关系上，《吕氏春秋》主张以德政为本，以刑罚为辅：

> 为天下及国，莫如以德，莫如行义。以德以义，不赏而民劝，

---

① 《论人》，见陈其猷，《吕氏春秋新校释》，第162—163页。

不罚而邪止，此神农、黄帝之政也。①

治理天下和国家，莫过于用德，莫过于行义。这里的德与义是同一义项的两种不同表述：德是内在的，义是外在的。义是"宜"的意思。以德来对待、处理事物就是行义，亦即处理得当、相宜②。而具体的执行过程则要"爱恶不臧，虚素以公……其之敌而不知其所以然"。这正是其"处虚素服"，以无为而无不为原则的贯彻。

《吕氏春秋》在主张尚德行义的同时也讲赏罚，但是赏罚居于次要地位，是德义的补充：

> 凡用民，太上以义，其次以赏罚。③

又言：

> 赏罚之柄，此上之所以使也。其所以加者义，则忠信亲爱之道彰。久彰而愈长，民之安之若性，此之谓教成。④

可见，《吕氏春秋》把赏罚始终是置于德义之后，排在第二位的。并强调了适宜的赏罚之教化功能，而不以其为君道之首选方法。

## 二、《吕氏春秋》君道思想的特点

《吕氏春秋》的君道思想自"法天地"而后得出"无为而行"和"贵因"之具体实施方法，其目的则是偏重于用这些指导性的思想来处理好人与人之间的关系。这样就显示出了重视人人之际关系而胜于天人之际关系的特点，这可以说是对中国古代思想中重人事、轻天命思想的充分肯定。对于这一点，可以从两个方面来分析：

第一，由前所述，《吕氏春秋》是倾向于承认天之自然属性的，因而在处理天人之际的关系上，倾向于继承人定胜天的思想。虽然《吕氏春秋》中亦有记天降灾禳之处，但多取其劝诫之意，而鲜取其神化

---

① 《上德》，见陈其猷，《吕氏春秋新校释》，第 1264 页。
② 刘元彦，《杂家帝王学》，北京：生活·读书·新知三联书店，1992 年，第 71—72 页。
③ 《用民》，见陈其猷，《吕氏春秋新校释》，第 1279 页。
④ 《义赏》，见陈其猷，《吕氏春秋新校释》，第 786 页。

之意。

第二，《吕氏春秋》书中明确地提出君之产生和君道之立是出于处理好人人之际的关系。这一点，我们可从其集中论述君道产生的专篇《恃君》中分析一下：

> 群之可聚也，相与利之也。利之出于群也，君道立也。故君道立则利出于群，而人备可完矣。昔太古尝无君矣，其民聚生群处，知母不知父，无亲戚兄弟夫妻男女之别，无上下长幼之道，无进退揖让之礼，无衣服履带宫室畜积之便，无器械舟车城郭险阻之备，此无君之患。①

这里从人自身的不足出发，认为人由个体走向群聚的目的是相与为利，战胜自然困难。群聚而后，父母兄弟之礼、宫室畜积之便等皆无一定之标准，也就是没有分别，势必造成一种无序状态。这时群之首领——君始产生。这一过程可分为两个层面：

其一，由分到群之过程。

初民个体生存于世是步履维艰的，因为人自身的能力与素质都有限。在大自然的压力下，初民联合起来，走向群聚生活，集众力以胜自然，这是人类走向社会化的最初一步。

其二，再由群到分的过程。

初民走向聚生群处生活状态既久，亦有新的问题产生：有"知母不知父，无亲戚兄弟夫妻男女之别……"（《恃君览》）等弊端；更有甚者"少者使长，长者畏壮，有力者贤……日夜相残，无时休息"。这就要求人们从初级的"群聚"状态走向有秩序、有分别的社会秩序状态，即升华之后的"分"的状态。此处之分，是各有其分的群体内部有序状态。这一任务是由群中首领君来完成的。所谓"利之出于群也，君道立也"。

《吕氏春秋》认为君的产生出于群体内部关系协调需要，君道之行则主要是君协调内部关系的行动。这也就在天人之际与人人之际的关

---

① 《恃君》，见陈其猷，《吕氏春秋新校释》，第 1330 页。

系上，给出了明确的说明。

## 三、君道思想与诸子学研究的新视角

春秋战国时期，历史由"礼崩乐坏"而进一步走向诸侯争霸、各自为政。与这样的历史背景相适应，学术思想上也日趋多元化，而有诸子百家思想的涌现。从诸子之学所担负的社会使命来看，百家之学都在围绕一个主题，即解决好社会矛盾，以求治国平天下。要实现这样的理想，其学说就要适应诸侯各自为政的历史现实，能够为时君世主提供解决实际问题的方案，因而君道思想成为各家思想共同关注的重要思想内容。汉代学者在总结这一时期学术特点时对此形成了共识，所谓：

>夫阴阳、儒、墨、名、法、道德，此务为治者也，直所从言之异路，有省不省耳。[1]

此为司马谈《论六家要指》言，认为阴阳、儒、墨、名、法、道德六家是"务为治者也"。

说明各家学说主要在讨论治国之道。司马迁也认为：

>自驺衍与齐之稷下先生，如淳于髡、慎到、环渊、接子、田骈、驺奭之徒，各著书言治乱之事，以干世主。[2]

此可谓对司马谈观点的补充说明，认为诸子百家学说兴起是为了"以干世主"。

班固亦有言：

>诸子十家，其可观者九家而已。皆起于王道既微，诸侯力政，时君世主，好恶殊方，是九家之说蜂出并作，各引一端，崇其所善，以此驰说，取合诸侯。[3]

---

[1]司马谈，《论六家要指》，见司马迁，《史记》，北京：中华书局，1982年，第3289页。
[2]司马迁，《史记·孟子荀卿列传》，第2346页。
[3]班固，《汉书·艺文志》，第1746页。

所谓诸子之学皆为"取合诸侯"之说，也就是为君主提供君道思想之说。

然而，在传统的学术思想研究中，历来多从思想的学派归属等角度对诸子加以研究，当然就思想本身的内容、体系与价值的发掘来看，无疑成绩斐然。但从学术思想史的角度来看，则稍嫌不足。今天我们从君道思想的角度加以探讨，在总体把握诸子思想方面，无疑会对传统研究方法的不足有所补充。从方法论的角度来看，可以说是诸子研究的一个全新的视角。本文通过对《吕氏春秋》一书是在君道思想主题的约束之下兼采整合诸子之学，并在此基础上形成了自己的君道思想体系的研究，是这一新视角在诸子学研究中的一个尝试。通过本文的探讨，我们无疑会对《吕氏春秋》一书的主题，及其何以成其为杂家而有一个新的认识和理解途径。

要之，通过《吕氏春秋》对天人关系，人人关系的处理，我们就会对其君道思想有一个全面的了解。这样，整部书就因此而有了内在贯通的线索，因而形成了一个具有紧凑内在精神的杂家著作。同时，通过分析《吕氏春秋》对先秦诸子君道思想的取舍整合的方法，显示出《吕氏春秋》对秦汉之际学术思想转换方向的准确把握和具体实践，具有重要的学术思想史意义。同时，君道思想研究也对诸子学研究在传统的研究方法之外，找到了一个新的视角，具有方法论的启示意义。

（原载《中国社会科学院研究生院学报》2005 年第 5 期）

# "捃摭《春秋》之文以著书"

## ——论荀子对儒家《春秋》经典化进程的推进

自从孔子将《春秋》作为教授学生的六艺内容之一，《春秋》就开始向儒家经典演变。孔子后学通过对孔子《春秋》学说的传承与发展，不断丰富了《春秋》作为儒家经典的理论内涵。在《春秋》经典化的过程中，荀子起到了一个重要的承上启下的作用。荀子继承孔子重视《春秋》之义的传统，在著书立说的过程中，通过对各种不同流派《春秋》思想的采摭与应用，一方面，由于把《春秋》同其他五经并称，事实上确认了《春秋》作为儒家经典的地位；另一方面，也对孔子所倡导的《春秋》之义进行了符合时代要求的发展，增强了《春秋》作为儒家经典的理论属性。

## 一、荀子与《春秋》经传关系疏解

在今天的历史环境下，我们所能见到的儒家《春秋》类经典文本主要是以《春秋》三传为代表。所以我们对荀子与《春秋》关系之考察，首先要从探讨荀子与《春秋》三传的关系开始。

（一）作为《荀子》史料来源之一的《左传》

我们通过把《荀子》一书与《左传》相关内容进行比较，发现二者既有相同的部分，也有不相合的部分。这就说明，《荀子》不是完全属于《左传》的谱系。下面我们就从二者内容不相合的部分入手，对这一问题做具体分析。

关于《荀子》所记述的与《左传》立场不同的春秋史事，赵伯雄先生进行了归纳："《荀子》之中虽有与《左传》之义相合之处，但也有不少地方与《左传》明显不合。从这个角度看，也很难说荀子是《左传》的传人。例如对齐桓公的评价，《荀子·仲尼》称他'外事则诈邾袭莒，并国三十五，其事行也若是其险污汰也'，而《左传》对齐桓公在当时诸侯国中的作用多所肯定，称赞他'救患、分灾、讨罪，礼也'，承认他'以礼与信属（会合也）诸侯'，而所谓诈邾袭莒，均不见载于《左传》"①。赵伯雄还举了另外两个《荀子》与《左传》观点截然不同的例子，其一是关于子产的评价问题，其二是对于"妖"的看法。赵伯雄的结论是："此外，《荀子》一书中讲到春秋史事，与《左传》所记不同者还有不少，这些都应该看做是荀子不完全遵用《左传》的显证。如果说左氏是战国时代《春秋》学诸多家派中的一支的话，荀子的《春秋》学显然不应该是属于这一家派的。"② 由此可见，荀子选择的《春秋》史料不属于《左传》派。因此我们认为，荀子在记述春秋史事的时候，选取了《左传》之外的史料。换句话说，荀子著书的时代，存在着比今天所见到的数量大得多的春秋类史书。这些春秋类史书可能是《荀子》与《左传》共同的史料来源。对于这一问题我们下面可以通过近年来大量出土的春秋类简帛文献加以说明。

在 20 世纪后半期，《春秋》类出土文献大量出现，其中重要的有：马王堆帛书《春秋事语》、阜阳汉简《春秋事语》、慈利楚简中的《国语·吴语》等相关篇章、上海博物馆藏战国楚竹书中与《春秋事语》相类似的文献。如此丰富的《春秋》类出土文献，可以说为我们重新形成了一个春秋时期史料小环境。通过对这些出土文献和现有的《春秋》三传等文献的对比，就可以发现这些著作的史料取舍标准以及它

① 赵伯雄，《春秋学史》，济南：山东教育出版社，2004 年，第 87 页。
② 赵伯雄，《春秋学史》，第 88 页。

们的史料来源。有学者据此分析了《左传》的史料来源问题："《左传》的作者（不管是依托，还是真的与左丘明有关）要编这个辅助教材，肯定是找了一大堆事语类的古书，包括各国的材料，然后拿它们当材料，按《春秋》剪裁，插进其年月顺序之中，这就叫'论辑本事'，即便做不到处处对应，也还算得上贴身合体……《左传》只是利用了其中的一部分材料，没有采入《左传》者，就像《诗》、《书》编定之后，还有《逸诗》、《逸书》，这是非常正常的。古人把它们视为《左传》的编余稿或补充材料，把它们叫作'外传'。"① 这一说法有一定的启示意义。我们再结合《史记》对《左传》成书的记载，对这一说法做进一步的分析，《史记·十二诸侯年表序》："孔子明王道，干七十余君，莫能用，故西观周室，论史记旧闻，兴于鲁而次《春秋》，上记隐，下至哀之获麟，约其辞文，去其烦重，以制义法，王道备，人事浃。七十子之徒口受其传指，为有所刺讥褒讳挹损之文辞不可以书见也。鲁君子左丘明惧弟子人人异端，各安其意，失其真，故因孔子史记具论其语，成《左氏春秋》。"司马迁的这段记载表明，《左传》并不是完全出于事语类古书，还有很多孔子不便书之于竹帛的内容，就如上述引文中所说的讥刺当世之权势的内容，只能口授于其学生，孔子学生再传播的时候就出现了"人人异辞"的现象；左丘明是为了防止孔子真义的散失而作《左传》。因此，《左传》除博采事语类古书来辅助解《春秋》经之外，更重要的是对孔门口耳相传的后世所谓"春秋义法"的记载与保存。按照这一思路，我们认为荀子在利用《春秋》作为史料表达自己学术见解的时候，也很有可能是博采众家学说，但其宗旨是要坚持孔子的"春秋义法"。因此，荀子在参照《左传》的同时，也可能选取了《左传》以外的史料。这些史料与《左传》所参考的史料一样，同属于春秋类史料的范畴。

（二）作为《荀子》论证材料来源的《公羊传》《穀梁传》

关于《公羊传》成书较明确的记载是唐人徐彦为《公羊传》所作

---

①李零，《简帛古书与学术源流》，北京：生活·读书·新知三联书店，2007 年，第 298—299 页。

疏解中引汉人戴宏说："子夏传与公羊高，高传与其子平，平传与其子地，地传与其子敢，敢传与其子寿。至汉景帝时，寿乃与弟子胡毋子都著于竹帛。"关于《穀梁传》的成书，最早的完整记录是《汉书·儒林传》："瑕丘江公受《穀梁春秋》于鲁申化，传子至孙为博士。"唐杨士勋《〈春秋穀梁传注疏〉序》载："穀梁子，名俶，字元始，鲁人。一名赤。受经于子夏，为经作传，故曰《穀梁传》。传孙卿，孙卿传鲁人申公，申公传博士江翁，其后鲁人荣广大善《穀梁》，又传蔡千秋。汉宣帝好《穀梁》，擢千秋为郎，由是《穀梁》之传大行于世。"由此可见，在荀子时代《公羊》与《穀梁》只是在师徒授受中形成了自己的特色而已，并没有像汉代那样形成了有明确文本的一家之学。因而，虽然《荀子》一书中也有许多与《公羊传》《穀梁传》相同或相近的内容，荀子的《春秋》学也不可能属于《公羊传》《穀梁传》二者中的任何一个家派。荀子是为了选择论证自己学说的材料而涉猎和选取《公羊》与《穀梁》中的相关内容。因而，《公羊传》和《穀梁传》都是荀子著书立说的论证材料来源。

综上所述，如果从历史实际来思考，荀子同《春秋》三传的关系准确地说是采摭与应用的关系。所谓采摭是对包括《春秋》三传在内的各家解释《春秋》的学说加以选择，所谓应用就是利用这些经过选择的观点构建自己的学说。因此，荀子不一定是完全继承《左传》，也不可能完全继承《公羊传》《穀梁传》。关于这一问题，目前较为普遍说法是荀子《春秋》思想"兼采三传"①。我们认为这一说法从基本观点上应该是没有问题的，但由于《公羊传》《穀梁传》在荀子时代尚未成书，这种说法就不够准确了。我们认为将其修正为"兼采三家"更准确。荀子的这种"兼采三家"，也可能是"兼采多家"式的取舍与应用，是根据孔子要义而做选择。同时，也是根据时代需求，取不悖于孔子原旨而有所发挥的说法。荀子也同左丘明一样"惧弟子人人异端，各安其意，失其真，

①见马宗霍，《中国经学史》，上海：上海书店出版社，1984年，第25页。又见：赵伯雄，《春秋学史》，第90页。

故因孔子史记具论其语"，在继承左氏保护孔子《春秋》真义精神的同时，也丰富了《春秋》思想，促进了《春秋》的经典化。

## 二、荀子对《春秋》三传的采摭与应用

由于除传世本的《春秋》三传以外，尚没有发现流传至今的其他完整版本的《春秋》文本，所以我们研究荀子的《春秋》学思想，还要以《春秋》三传为主要的文本依据。通过整理分析，我们发现《荀子》一书中有许多与传世本的《春秋》三传相关的内容。这是我们研究与探讨荀子与《春秋》关系的基本史料。通过对这些史料的分析，我们就可以了解荀子在著书立说的时候是如何处理《春秋》类文献的。通过这种历史还原性的研究，我们更可以进一步探讨荀子《春秋》思想的立场与方法，以及荀子与《春秋》经典化的关系。

（一）荀子对《左传》的采摭与应用

探讨荀子对《左传》的采摭，我们主要是通过对《荀子》一书在内容上与《左传》相关的情况来进行分析。现举两个例子进行分析：（1）《荀子·致士》有这样的话："赏不欲僭，刑不欲滥，赏僭则利及小人，刑滥则害及君子。若不幸而过，宁僭勿滥；与其害善，不若利淫。"在《左传·襄公二十六年》中有类似的话，文字略有不同："归生闻之：'善为国者，赏不僭而刑不滥。'赏僭，则惧及淫人；刑滥，则惧及善人。若不幸而过，宁僭无滥。与其失善，宁其利淫。无善人，则国从之。《诗》曰：'人之云亡，邦国殄瘁。'无善人之谓也。"（2）《荀子·议兵》："齐桓、晋文、楚庄、吴阖闾、越勾践，是皆和齐之兵也，可谓入其域矣，然而未有本统也，故可以霸而不可以王。是强弱之效也。"《荀子·王霸》："故齐桓、晋文、楚庄、吴阖闾、越勾践，是皆僻陋之国也，威动天下，强殆中国，无它故焉，略信也。是所谓信立而霸也。"马积高先生根据这两段话，认为五霸并称是据《左传》为说的①。

①马积高，《荀学源流》，上海：上海古籍出版社，2000年，第156页。

第一例中,《左传·襄公二十六年》描写的是蔡人声子与楚令尹子木的对话。《左传》借二人之口描述了作者关于刑赏尺度的观点,其要点是刑赏各依其度,赏罚分明是最理想的状态;如果不能把握好这样的理想状态,宁可让赏过度一些也不要让刑罚过度。这一思想倾向是非常符合孔子的仁礼辩证原则的,因此受到了荀子的重视,所以在《荀子·致士》对《左传》的内容进行了引用。荀子引用了《左传》,是为了增强自己思想的说服力。

第二例中所引的二条材料,主要表明了荀子的王霸思想。与儒家在传统上推崇王道、反对霸道不同,荀子认为王道是理想的,但如果王道难以实现,则实现"重法爱民而霸"(《荀子·大略》)也是合理的选择。这是对《左传》所代表的正统儒家王霸思想进行了修正。这种修正是荀子根据战国末年的统一大势所作出的变通与发展。我们在这里要强调的是,荀子在提出新王霸观的时候,仍然坚持了儒家思想的本色:以王道思想为理想,以霸道为手段。

通过对这两个例子的分析,我们发现荀子一方面取《左传》中合乎孔子所提倡的春秋之义的内容加以应用;另一方面也注意结合时代主题,引申发展包括《左传》在内的儒家传统思想,比如对儒家传统王霸观的修正。

(二)荀子对《公羊传》的采摭与应用

荀子采摭《公羊传》相关内容,主要是以间接引用为主。关于二者相关的内容,也受到了学者的注意:"《大略》篇云:《春秋》贤穆公,以为能变也。这是以肯定语气来引证《春秋》的,而所谓'《春秋》贤穆公',不见于《左传》,亦不见于《穀梁传》,唯文公十二年《公羊传》曰'秦伯使遂来聘。遂者何?秦大夫也。秦无大夫,此何以书?贤穆公也。何贤穆公?以为能变也。'《公羊传》认为《春秋》所以记载'秦伯使遂来聘',是对秦穆公的褒扬。这当然是《公羊传》的一家之言,然此义确乎被荀子继承下来了。又如《大略篇》云:'《春秋》善胥命',指桓公三年《春秋》经云'齐侯、卫侯胥命于蒲'……《公羊传》认为《春秋》经所以将此事记作'胥命于蒲',是含有深义的，是对齐、卫双方讲诚信的肯定。荀子说'《春秋》善胥命'，正是接受了《公羊传》的这种观点。此外，《王制》说'（齐）桓公劫于鲁庄'，此事也只有《公羊传》上记载，这正好说明荀子是采用了《公羊》之义的。"①

对于这一条史料，我们认为《春秋》是从历史记录的角度，作了事实描述；此后，《公羊传》则从阐发"微言大义"的角度，对这一历史事件加以铺陈并做了价值判断，对齐、卫双方的诚信行为进行了肯定。《公羊传》的这一立场，恰巧同《荀子》所继承的儒家思想的立场相一致，所以荀子在论述自己观点的时候，就直接接过《公羊传》的立场，加以引用。结合荀子对《左传》的采撷与应用，我们也可以说荀子将包括《公羊传》在内的春秋类著作，都当作自己的论据使用。

（三）荀子对《穀梁传》的采撷与应用

《荀子》一书采撷《穀梁传》，可以下面的几项内容为代表：

（1）《荀子·礼论》云："礼有三本：天地者，生之本也；先祖者，类之本也；君师者，治之本也。……故王者天太祖，诸侯不敢坏，大夫士有常宗，所以别贵始；贵始得之本也。……故有天下者事七世，有一国者事五世，有五乘之地者事三世，有三乘之地者事二世，持手而食者不得立宗庙，所以别积厚者流泽广，积薄者流泽狭也。"赵伯雄先生认为荀子这段话的意思可能是来自《穀梁传·僖公十五年》云："己卯，晦，震夷伯之庙。晦，冥也。震，雷也。夷伯，鲁大夫也。因此以见天子至于士，皆有庙。天子七庙，诸侯五，大夫三，士二。故德厚者流光，德薄者流卑。是以贵始德之本也。"②

（2）《荀子·大略》中云："诰誓不及五帝，盟诅不及三王，交质子不及五伯。"学者马宗霍、赵伯雄都认为这段话来自《穀梁传·隐公八年》："诰誓不及五帝，盟诅不及三王，交质子不及二伯"③。

①赵伯雄，《春秋学史》，第89页。
②赵伯雄，《春秋学史》，第89—90页。
③马宗霍，《中国经学史》，第25页。又见：赵伯雄，《春秋学史》，第90页。

（3）《荀子·大略》中云："货财曰赙，舆马曰赗，衣服曰襚，玩好曰赠，玉贝曰唅。赙、赗，所以佐生也；赠、襚，所以送死也。送死不及柩尸，吊生不及悲哀，非礼也。故吉行五十，奔丧百里，赗、赠及事，礼之大也。"而《穀梁传·隐公元年》："乘马曰赗，衣衾曰襚，贝玉曰含，钱财曰赙。"二文在大义上基本相同，只不过是详略不同，这也说明二者有相互借鉴的情况。

《荀子》一书中这三段与《穀梁传》相关的内容，实际上是荀子在行文中通过自己的解说，以换个说法的方式将《穀梁传》的内容很自然地嵌入《荀子》一书当中。从引用的角度来看，属于暗引或者说是间接引用。因此，《荀子》一书与《穀梁传》的关系，更符合司马迁所谓"捃摭《春秋》以著书"之说。

正如司马迁《史记·十二诸侯年表序》说："荀卿、孟子、公孙固、韩非之徒，各往往捃摭《春秋》之文以著书，不可胜纪。"荀子把《春秋》当作自己著书立说的历史资料与理论根据来选择与使用。荀子正是在对以《春秋》三传为代表的春秋类文献的采摭与应用过程中，完成了对儒家《春秋》思想的继承与发展。

## 三、荀子"捃摭《春秋》之文以著书"的学术思想史意义

荀子对《春秋》三传的采摭主要是用来论证自己的学术观点。然而从更深的层次上看，荀子在利用各家《春秋》中的相关内容著书立说的时候，是结合了不同时代的主题与要求，对儒家《春秋》思想进行了创造性的应用。也正是在这一过程中，荀子开始将《春秋》与儒家其他五经并称，并且对孔子所开创的《春秋》学要旨进行了进一步的理论抽象与概括，从而促进了儒家《春秋》经典化的进程。

（一）荀子用时代主题意识超越了儒家《春秋》的门派家法观念

荀子的《春秋》思想，常常是结合时代主题变化而采摭相关的《春秋》内容，作为自己学说的论据。有论者发现荀子在对《春秋》学的研究与教学过程中，由于对战国末年时代主题的剧烈变动的不断思

考，在不同的历史时期内会侧重于对不同家派的《春秋》学说："荀子对《春秋公羊传》的学习和教授当在居于稷下学宫之时。荀子是赵人，早年在赵地生活学习，《春秋左氏传》的产生流传地域在赵地附近，所以荀子学习和教授《春秋左氏传》很可能是在居于赵地的早年时期……荀子一生思想的发展是有脉络可循的，荀子早年学习儒家的传统思想，偏重于古代礼乐制度。中年居于稷下学宫开始创立新说，主张法后王。晚年见秦政之暴，弟子李斯相秦，荀子为之不食，荀子思想发生了一定的变化……荀卿晚年的思想变化和兰陵的人文环境对《春秋穀梁传》形成'亲亲上恩'的学术特色起到了决定性作用，从而与《春秋公羊传》大义灭亲和剧烈变革的学术特色完全对立。"① 由此观之，荀子对早期的《春秋》三传学说的接受与教授，有着一定的时间段特点，这也是他针对不同时代主题所做的选择。所以，我们也可以说时代主题意识是荀子继承与发扬《春秋》经传思想的宗旨所在。荀子是为了解决新时代提出的新问题，在继承儒家《春秋》之义的基础上，发展了儒家的《春秋》思想。荀子用时代主题意识超越了狭隘的门派家法观念。

（二）荀子确认与强化了《春秋》作为儒家经典的地位

荀子的学术活动在春秋战国末年。这时孔子之学经七十子发扬，及孟子的集成，已经有了一定的规模与系统。与此同时，孔子所教授的六艺，由于学生的不断记录整理，也逐渐开始上升为儒家的经典。荀子接续孔门正统，开始逐渐对这些成绩加以整理与推进。这一推进工作的表现有二。其一，就是通过不断将已经具备经典特征的儒家六艺当作经典称引，加强了六经观念的确立；其二，对六经各自在儒家思想体系中的突出特点进行了画龙点睛式的凸显，从而形成了六经观念。这实际上就完成了六艺文本作为儒家经典的定位。这六经中，《诗》《书》《礼》《乐》在荀子时已经基本成为共识，而《易》与《春秋》经典地位的确定，荀子也做出了重要的贡献。

---

①杨德春，《荀子与〈春秋穀梁传〉》，载《安阳师范学院学报》2009 年第 1 期。

　　《荀子·劝学》有言："学恶乎始？恶乎终？曰：其数则始乎诵经，终乎读《礼》；其义则始乎为士，终乎为圣人。真积力久则入，学至乎没而后止也。故学数有终，若其义则不可须臾舍也。为之，人也；舍之，禽兽也。故《书》者，政事之纪也；《诗》者，中声之所止也；《礼》者，法之大分，类之纲纪也。故学至乎《礼》而止矣。夫是之谓道德之极。《礼》之敬文也，《乐》之中和也，《诗》《书》之博也，《春秋》之微也，在天地之间者毕矣。"在这段话中，荀子从学习的角度谈论人们该如何通过学习儒家所主张的各种"经"，并以《礼》的精神与要求为最终的归宿，最后在"天地之间"达到"道德之极"。这就把《春秋》纳入了儒家经典教育的体系中，担负着重要的职责，并且对这一职责进行了明确的理论提升，称之为"微"，即后来所谓的"微言大义"。在《荀子·儒效》中，荀子对《春秋》的经典地位及其在儒家经典体系中的分工进行了再次的确认与论证："圣人也者，道之管也。天下之道管是矣，百王之道一是矣。故《诗》《书》《礼》《乐》之归是矣。《诗》言是其志也，《书》言是其事也，《礼》言是其行也，《乐》言是其和也，《春秋》言是其微也。"

　　正如徐复观所说："站在经学史的立场，把《春秋》与《诗》、《书》、礼、乐组在一起，是一件大事。"[1] 我们认为，这个评论的言外之意就是从荀子开始，已经正式把《春秋》接纳到儒家经典系列中，也就是确认了它在儒家经典体系中的地位。同时，我们要补充强调的是，荀子是继孟子之后对所谓"其义则丘窃取之"的"春秋之义"进行了进一步的说明，即认为这种"义"是微言大义。

　　（三）荀子对《春秋》义法的发展增强了《春秋》作为儒家经典的理论属性

　　荀子在采摭与运用儒家《春秋》相关内容的过程中，对孔子所重视的春秋之义进行了丰富与发展。这就从理论上增强了《春秋》作为儒家经典的特性。这就表现在面对相同的史料，荀子与孟子及《左传》

---

[1]徐复观，《徐复观论经学史二种》，上海：上海书店出版社，2005 年，第 33 页。

等其他孔子后学的理解有不同的层次之分。比如齐桓、晋文之事，孟子是从一般的历史事件的现实意义，即当作"时事政治"加以评论，就一时之功效来论其功过。而荀子则是要进一步分析，将其纳入整个历史发展进程中加以参验，要看其"历史意义"，这或许就是荀子所理解的孔子所引而不发、孟子以义称之、荀子则以"微"论之的《春秋》之"义"。"荀子似乎并不认为《春秋》是史文，如同孟子所说的那样。前引《劝学》、《儒效》那两段话里，《书》是与'事'、'政事'对应着的，因此《书》应当属于'史'的范畴；而《春秋》是与'微'对应，用今天的话讲，《春秋》应当属于政治哲学。在这一点上，荀子对《春秋》的定性似乎更抓住了它的本质……荀子对以齐桓为首的王霸评价很低……由于荀子更强调《春秋》的'微'，而漠视《春秋》的'事'，因而'羞称五霸'云云与'其事则齐桓、晋文'之间的矛盾显得不那么突出。"①

对于荀子对春秋之微的应用与发展，我们可以再从《荀子》一书的相关内容上加以分析。《荀子·仲尼》："仲尼之门人，五尺之竖子言羞称乎五伯。是何也？曰：然。彼诚可羞称也。齐桓，五伯之盛者也，前事则杀兄而争国；内行则姑姊妹之不嫁者七人，闺门之内，般乐奢汰，以齐之分奉之而不足；外事则诈邾袭莒，并国三十五。其事行也若是其险汙淫汰也。彼固曷足称乎大君子之门哉！若是而不亡，乃霸，何也？曰：於乎！夫齐桓公有天下之大节焉，夫孰能亡之？俴然见管仲之能足以托国也，是天下之大知也。安忘其怒，出忘其仇，遂立以为仲父，是天下之大决也。立以为仲父，而贵戚莫之敢妒也；与之高、国之位，而本朝之臣莫之敢恶也；与之书社三百，而富人莫之敢距也。贵贱长少，秩秩焉莫不从桓公而贵敬之，是天下之大节也。诸侯有一节如是，则莫之能亡也；桓公兼此数节者而尽有之，夫又何可亡也？其霸也宜哉！非幸也，数也。然而仲尼之门人，五尺之竖子言羞称五伯，是何也？曰：然。彼非本政教也，非致隆高也，非綦文理也，非

---

① 赵伯雄，《春秋学史》，第85—86页。

服人之心也。乡方略，审劳佚，畜积修斗而能颠倒其敌者也。诈心以胜矣。彼以让饰争，依乎仁而蹈利者也，小人之杰也，彼固曷足称乎大君子之门哉！"

这一大段的议论，非常明确地表达了荀子所代表的儒家对以齐桓公为代表的所谓"五霸"事业的否定，这就与孟子带有隐喻意味的肯定立场形成了鲜明的对比。这本身就是在"透过现象看本质"，实际上表明了荀子的褒贬态度，这也正是荀子所要发挥的孔子的"《春秋》之微"的具体示范。经过这一探索，不但生动地说明了孔子所发明的春秋义法的具体效果，也同时突出了《春秋》的经典意义。

综上所述，荀子对儒家《春秋》经典化的贡献主要体现在三个方面：第一，荀子结合时代特点，在选择与运用《春秋》史料著书立说的过程中，对儒家的《春秋》思想进行了开拓与发展，同时也用时代主题意识超越了狭隘的门派家法观念；第二，荀子充分认识到孔子纳《春秋》入儒家六艺教育体系的经典意义，并且通过在自己的著述活动中对《春秋》经典式称引，实际确认了它的经典地位；第三，荀子按照孔子提倡的春秋之义对各家《春秋》学说加以取舍与应用，既避免了各家"众说异辞"的现象，也在实践中发展了春秋义法，增强了《春秋》作为儒家经典的理论属性。此后，荀子通过自己的讲学，使自己结合时代特点所发展丰富的《春秋》思想得以广泛传播，进一步促进了《春秋》成为儒家经典的进程，为汉以后《春秋》三传先后成为儒家经典奠定了基础。

# 荀子与儒家《春秋》的经典化

在儒学史上，汉代以前孟荀并称，唐宋以后黜荀申孟，荀子逐渐隐没于历史深处。因此恢复荀子本来的学术地位，把握荀子与时俱进的思想特征，是我们今天准确把握儒家思想精华，为当前文化发展提供富有生机与活力之因素的重要保证。本文以荀子与儒家《春秋》经典化为切入点，以个案研究的方式重新展示荀子在儒家思想发扬光大的过程中所发挥的重要作用，以期见微知著，为荀子思想研究的返本开新做一个新的尝试。

## 一、《春秋》经典地位的确认

荀子是孔门后学中第一个把《春秋》与《易》纳入儒家经典体系的思想家。《荀子·大略》言："礼者，本末相顺，终始相应……《易》曰：'复自道，何其咎？'《春秋》贤穆公，以为能变也。"通过这条材料，我们可以发现荀子在论述自己观点的时候，把《春秋》与《易》同时当做经典引用。据现有的材料来看，《诗》《书》《礼》《乐》作为儒家经典，在荀子之时已经基本成为共识；而把《易》与《春秋》同前四经并称，形成六经观念，当属荀子首倡。正是从荀子开始把《春秋》与《易》纳入儒家经典体系，完成了儒家六艺向六经的转变。因此，作为六经之一的《春秋》的经典地位，也就自然得到了确立。

荀子纳《易》与《春秋》入儒家经典体系中，确立了六经观念的同时，还对各经在六经体系中的独特作用作了明确的定位与分工。这样就使六经形成了一个互为条件的有机体系，《春秋》也在这一有机体系中得到了明确的经典定位。《荀子·劝学》有言："故学至乎《礼》而止矣。夫是之谓道德之极。《礼》之敬文也，《乐》之中和也，《诗》《书》之博也，《春秋》之微也，在天地之间者毕矣。"荀子在这里以《礼》的精神与要求为最终归宿，从学习的角度论述了六经所各自担负的独特教育功能，以及通过接受六经的系统教育，学习者就会在"天地之间"达到"道德之极"。由此观之，六经中的每一经作为整个六经体系的组成部分，都具有不可替代的作用，因此每一经的经典地位都得到了凸显。在《荀子·儒效》中，荀子对六经在儒家经典体系中的分工进行了再次的确认与论证："《诗》言是其志也，《书》言是其事也，《礼》言是其行也，《乐》言是其和也，《春秋》言是其微也。"

这样，荀子一方面把《春秋》同其他各经并称，确认了《春秋》同其他四经一样的经典地位，也确立了儒家六经的观念；另一方面，也把《春秋》纳入了儒家经典教育的体系中，担负着不可或缺的重要职责，称之为"《春秋》之微"，强化了《春秋》作为儒家经典的身份。

## 二、《春秋》门派家法观念的超越

正如司马迁《史记·十二诸侯年表序》所言："荀卿、孟子、公孙固、韩非之徒，各往往捃摭《春秋》之文以著书，不可胜纪"，荀子结合时代需求，对"《春秋》之文"进行创造性的应用，提炼出适合时代要求的观点，从而使《春秋》完成了与时俱进的发展。这种发展一方面体现在荀子结合时代要求对传统命题进行了哲学化概括；另一方面体现在用时代主题观念超越了传统的门派家法观念。

《荀子·大略》云"《春秋》善胥命"就是荀子结合时代主题，对各家《春秋》思想加以哲学化概括的成果。这一命题是对《春秋·桓

公三年》所载"夏，齐侯、卫侯胥命于蒲"这个历史事件哲学化概括
的结果，其含义是对齐、卫二国在外交活动中遵守诚信原则的肯定。
荀子之所以要将这一历史记录加以理论概括，使之成为教导大家讲诚
信的一个哲理性观点，是因为荀子所生活的战国末年，肇始于春秋初
年的"礼崩乐坏"的社会失序状态已经持续了几百年，社会秩序的重
建迫在眉睫，而在一个良性的社会秩序下，诚信观念无疑是一个重要
的核心价值观。所以，荀子结合时代主题需要对这一历史事件进行理
论提升。

荀子提炼"《春秋》善胥命"这一哲学命题的重要意义，是在解决
时代问题的目标下，实现了对传统的《春秋》门派家法观念的超越。
这一特点我们可以从荀子对"《春秋》善胥命"这一命题的具体提提炼
过程中加以把握。对照《春秋·桓公三年》的原文："夏，齐侯、卫侯
胥命于蒲"，我们可以发现荀子是以间接引用的方式，对原有的史料进
行了理论概括。如果我们再结合《公羊传》、《穀梁传》的解释加以分
析，就会发现，荀子的理论提炼实际上也是对《公羊传》《穀梁传》的
解释观点加以消化与吸收的结果。《公羊传》对这条史料的解释是：
"胥命者何？相命也。何言乎相命？近正也。此其为近正奈何？古者不
盟，结言而退。"《公羊传》的解释大体上是对齐、卫双方讲诚信的肯
定。《穀梁传》也持类似的观点："胥之为言犹相也，相命而信谕，谨
言而退，以是为近古也。是必一人先。其以信言之，何也？不以齐侯
命卫侯也。"由此可见，荀子说"《春秋》善胥命"，正是对《公羊
传》、《穀梁传》从《春秋》中共同阐发出的古人"言而有信"的微言
大义进行了吸收，并做了进一步的理论概括。

因此，对于《春秋·桓公三年》所载"夏，齐侯、卫侯胥命于蒲"
这一条史料，《春秋》是从历史记录的角度，作了事实描述；《公羊传》
《穀梁传》则从阐发"微言大义"的角度，对这一历史事件加以铺陈，
肯定齐、卫双方的诚信行为，作了价值判断；荀子接过《公羊传》《穀
梁传》的立场，综合各家思想后，进行了哲学化概括。这样，荀子用
时代主题意识超越了门派家法观念，对儒家的《春秋》思想进行了与

时俱进的发展，促进了儒家《春秋》的经典化。

## 三、《春秋》理论属性的丰富与发展

荀子在采摭与运用儒家《春秋》相关内容的过程中，对孔子所重视的"《春秋》之义"进行了丰富与发展，进一步概括为"《春秋》之微"。这样就在孔子《春秋》思想的基础上，进一步形成了《春秋》表达"微言大义"的基本特征。这就从理论上增强了《春秋》作为儒家经典的属性。

《孟子·离娄下》说："王者之迹熄而《诗》亡，《诗》亡然后《春秋》作。晋之《乘》，楚之《梼杌》，鲁之《春秋》，一也：其事则齐桓、晋文，其文则史。孔子曰：'其义则丘窃取之矣。'"在这里，以"齐桓、晋文之事"为例，孟子在继承孔子思想的基础上，从两个层次上对儒家《春秋》思想所达到的深度进行了阐发：其一，从一般事件角度进行历史记录，以备后世参考；其二，借孔子的名义进行褒贬，作价值判断。这是孟子所理解的儒家《春秋》思想达到的两个层次。荀子则是在此基础上作了进一步深入分析，把《春秋》纳入到儒家六经体系中参照、对比，提出了"《春秋》之微"的哲学命题。正如《荀子·儒效》所谓："《诗》言是其志也，《书》言是其事也，《礼》言是其行也，《乐》言是其和也，《春秋》言是其微也。"这是在以褒贬为特点的价值判断的基础上，赋予《春秋》以哲理意蕴的第三个层次。荀子用"《春秋》之微"把"《春秋》之义"提升到了哲理层面的高度，这无疑增强了《春秋》作为儒家经典的理论深度。

关于荀子所提出的"《春秋》之微"实际效果，我们可以从《荀子》一书对儒家春秋五霸观的处理上加以分析。《荀子·仲尼》："仲尼之门人，五尺之竖子言羞称乎五伯。是何也？曰：然。彼诚可羞称也。"这段议论表明，在荀子以前儒家学者只是委婉地以"羞称"的方式表达了对以齐桓公为代表的所谓"五霸"事业的否定。这是典型的孔子式的、点到为止的价值判断。然而，荀子则直言不讳地表明"彼诚可羞称也"。这样，荀子就把孔子赋予春秋五霸的"（暗含褒贬）的微言大义"以阐幽发微的方式明确揭示出来。这说明荀子的"《春秋》之微"在对孔子"《春秋》之义"进行理论提升的同时，也具有实践中的可操作性。

综上所述，荀子在"采摭《春秋》之文以著书"的过程中，按照孔子提倡的"《春秋》之义"对各家《春秋》学说加以取舍与应用，既避免了各家"众说异辞"的现象，用时代主题意识超越了狭隘的门派家法观念，在确认了《春秋》的经典地位的同时，也在实践中对"《春秋》义法"进行了哲学概括，提出了"《春秋》之微"的命题，增强了《春秋》作为儒家经典的理论属性。此后，荀子通过自己的讲学，使自己结合时代特点所发展、丰富的《春秋》思想得以广泛传播，进一步推进了《春秋》成为儒家经典的进程，为汉以后"《春秋》三传"先后成为儒家经典奠定了基础。

（原载《光明日报》2012 年 1 月 30 日）

# 浅议《韩非子·显学》之学术
# 和政治思想的互动

　　《韩非子·显学》一文是《韩非子》的重要篇章，集中代表了韩非子的学术主张和政治见解。因此，研习这篇文章对认识韩非子的政治思想和学术思想有一定的启示作用。本文不揣谫陋，通过对《韩非子·显学》研读并结合《韩非子》一书中其他相关篇章，对韩非子的学术主张和政治见解加以初步的探索，为进一步深入研究韩非子的思想做准备。

一

　　《韩非子·显学》所反映的韩非子学术思想和政治主张，概括起来就是：在学术上批判当时的两大显赫学派，即儒学和墨学；政治上崇尚"以力服人"，以法治国，注重实效，推行强权政治。通过对这两个方面的比较研究，可以发现韩非的学术思想和政治思想是相辅相成，互为释证的：对"显学"进行学术批判的同时，也在对"显学"的政治主张进行抨击；而韩非自己的政治主张，正是建立在对"显学"的学术批判和政治批判基础之上的。

　　韩非从这个角度入手，系统地批判了"显学"的缺陷。他用参验论的视角，观察和分析了"显学"的发展史，总结了儒、墨两家学说当前的发展状况，指出了儒、墨两家学说在当时历史背景下的脱离实际性。韩非认为，应该用参验的方法审定言辞的真假可否，不经参验的认识不能确立。何谓参验？他说："偶参伍之验，以责陈言之实。"①即应该相应地举出参伍例证，以责求人们所陈述之言辞的真实性。可见，参验即参伍之验，就是将各方面的情况，分类排比，比较研究，掌握表明事实真相的证据，以检验认识是否符合事实，从而判断认识的是非可否。韩非的参验论充分体现了实事求是的精神，它不是单纯经验论的方法，而是既重视见闻经验又重视理性思考的具有辩证法因素的认识方法。韩非有效地将参验论运用到对儒、墨学说的批判上来。他说："孔子、墨子俱道尧、舜，而取舍不同，皆自谓真尧、舜，尧、舜不复生，将谁使定儒、墨之诚乎？殷、周七百余岁，虞、夏两千余岁，而不能定儒、墨之真，今乃欲审尧、舜之道于三千岁之前，意者其不可必乎！无参验而必之者，愚也；弗能必而据之者，诬也。故明据先王，必定尧、舜者，非愚则诬也。"（《韩非子·显学》，以下未注明出处者，均出自《韩非子·显学》）就是说，儒、墨毫无参验便欲确定远在三千年前的尧舜之道，只能说是愚蠢；不能确定而引以为据，那就只能是欺骗了。接着，韩非运用矛盾律这一逻辑思维中的基本规律，指出儒、墨的"孝戾""侈俭""宽廉""恕暴"都不过是些"杂反之学"，而"杂反之学"是"不两立而治"的，现在"人主俱听之"，只能导致国家的混乱。他还一针见血地揭示了儒生、侠客在国家危亡关键时刻的无能。他说："藏书策，习谈论，聚徒役，服文学而议说，世主必从而礼之，曰：'敬贤士，先王之道也。'夫吏之所税，耕者也；而上之所养，学士也。耕者则重税，学士则多赏，……国平则养儒侠，难至则用介士，所养非所用，所用非所养，此所以乱也。"就是说，国家花了大量精力供养儒侠之士，而到了关键时刻，起重大作用的还是普通民众。他还认为，那些能说会道的儒侠之士不但不能救

---

① 《韩非子·备内》，见陈奇猷，《韩非子集释》，上海：上海人民出版社，1974 年，第 290 页。

国，反而会在关键时刻误国。他说："今之新辩滥乎宰予，而世主之听眩乎仲尼，为悦其言，因任其身，则焉得无失乎？是以魏任孟卯之辩，而有华下之患；赵任马服之辩，而有长平之祸。此二者，任辩之失也。"这段话看似批评不讲实际只听美言的用人方针，实际上是针对当时儒生游侠只会空话没有实际办事能力的状况而言的。

　　韩非的认识是对儒墨显学的流弊的总结，这种认识同时也是时代的产物。儒、墨之学虽然在当时非常显赫，影响巨大，但真正采纳儒、墨之学作为治国之道的统治者却很少，所以孔子周游列国推销他的政治主张，却只能郁郁不得志。墨子就更不得志了。这说明，在"争于气力"的战国时代，"仁义礼让"的学说已经不能适应现实的需要了。韩非对各个学派特别是对儒、墨显学的总结和批判，正是顺应了这种时代的需要。他对于"今之新辩滥乎宰予"、"举先王言仁义者盈廷"①、"山东之言未尝一日而止"② 的局面非常不满，就是因为这些虚言浮说不适应时代的需要，"非所以成治"，靠了它只能"功名不成，霸业不立"。确切地说，韩非子认为，在这种由群雄割据向统一帝国发展的时代潮流中，"百家争鸣"的局面应该结束了，取而代之的是学术上和思想上的统一，由政权控制思想和学术。这是文化领域对政治形势的自觉反应。

## 二

　　在总结和批判儒、墨显学的基础上，韩非子系统提出了自己的政治主张，简而言之，就是注重实效，以力服人，以法治国，推行强权政治。

　　注重实效的观点，比较典型地体现在韩非子对选官制度改革的主张上。他认为，只有在实践中才能准确公正地评判官吏的才能，因此，要根据考核成绩逐级提升官员，并鼓励官员进取。他说："夫视锻锡而察青黄，区冶不能以必剑；水击鹄雁，陆断驹马，则臧获不疑钝利。

①《韩非子·五蠹》，见陈奇猷，《韩非子集释》，第 1107 页。
②《韩非子·忠孝》，见陈奇猷，《韩非子集释》，第 1040 页。

发齿吻形容，伯乐不能以必马；授车就驾，而观其末途，则臧获不疑
驽良。观容服，听辞言，仲尼不能以必士；试之官职，课其功伐，则
庸人不疑于愚智。故明主之吏，宰相必起于州部，猛将必发于卒伍。
夫有功者必赏，则爵禄厚而愈劝；迁官袭级，则官职大而愈治。夫爵
禄大而官职治，王之道也。"这段话说明，韩非子重视从基层选拔人
才，重视官员的真才实干，以实际效果作为检验人才的标准，并确立
了任人唯实效的组织路线。

在如何征服诸侯，建立霸业的途径之争中，韩非子坚决摒弃儒墨
的仁义之说，主张"以力服人"。他说："故敌国之君王虽说吾义，吾
弗入贡而臣；关内之侯虽非吾行，吾必使执禽而朝。是故力多则人朝，
力寡则朝于人，故明君务力。夫严家无悍虏，而慈母有败子，吾以此
知威势之可以禁暴，而德厚之不足以止乱也。"在这里，韩非把两种路
线的结果通过对比来显示它们的优劣，从而有力地论证了"以力服人"
的正确性和必要性。那么，如何来加强实力呢？韩非提出了具体的方
案，那就是鼓励耕战，以耕战的成就作为加禄进爵的依据。在这条方
针之下，韩非认为，那些经商谋官和凭技艺牟利的人既不从事耕作，
就和巨石一样毫无用处；儒生和游侠没有军功，却得以显贵和出名，
就和偶人一样毫无作用；这两种人都是国家的祸害。关于如何加强实
力的问题，韩非还谋求从摒弃德政，实行法治，推行严刑峻法的强权
政治来解决。他认为，应该"不恃人之为吾善也，而用其不得为非
也"，"不务德而务法"，"明吾法度，必吾赏罚"。在诸国争霸进入到
由分裂趋于统一的时代，采取"以力服人"的方针，尤其重视通过奖
励耕战来壮大国家实力，这是一种清醒而现实的态度。这种思想被秦
始皇采纳，成为他完成统一的重要因素。

三

《韩非子·显学》一文集中体现了韩非的学术观和政治观，总的来
说，他的观点是切合时代需要的，这既是战国尖锐复杂的政治斗争和

动荡不安的社会现实在政治理论界的投影，又是先秦各种思想成果在韩非头脑中经过深刻反思后的产物，是时代的结晶。我们在认识到其思想的历史先进性的同时，也发现《韩非子·显学》一文也反映了韩非思想的某些局限性。具体表现在以下三个方面：

（一）完全摒弃"以德服人"的观点，推行强权政治，强调国家暴力的强制作用。"以德服人"的观点，虽然在当时条件下，显得迂缓而不能应急，但从长远来看，它更重视人民的人格和力量，这就从更深远的意义上抓住了新时代的精神，是"以力服人"的强权政治所不能及的。

（二）轻视人民的智力，认为人民都愚昧迟钝。他说："民智之不可用，犹婴儿之心也。"把人民比作婴儿，完全否定人民的智慧，这是其急功近利思想底色下，对人民在思想与智慧的长期形成过程中基础作用的忽视。

（三）为不合理的土地集中现象辩护，认为人民贫穷是因为懒惰奢侈，而富有者则是因为他们的勤劳和节俭。他说："今世之学士语治者多曰：'与贫穷地以实无资。'今夫与人相若也，无丰年旁入之利而独以完给者，非力则俭也。与人相若也，无饥馑、疾疢、祸罪之殃独以贫穷者，非侈则惰也。"因此，他认为"征敛于富人以布施于贫家"是不公平的。韩非的这种态度，是只看到了现实生活的表面现象，而没有看到这一现象背后的政治体制所造成的贵族集团不当得利的本质，反映出其学说在过分注重实际的前提下，缺乏深入和长远目光的弱点。

出土文献与文史新诠

# 近出金文与西周监制再探讨

　　武王克商后，对原殷商王畿地区的纣子武庚采取了怀柔政策，利用分封的方式令其继续保有贵族地位，负责管理好原来属地的殷民。武王采取这一措施，一方面是由于受到军力所限①，另一方面也是将其当作一种"以殷治殷"手段。但是，武庚及其治下的人民毕竟是殷商遗民，为了防止日后的反叛，自武王始将殷商王畿地区一分为三，设三监以控制原王畿地区以武庚为代表的殷商贵族及其治下的殷遗民。这是关于周初设监广为人知的史实。此后的传世文献虽时有关于西周监制的记载，但并没有引起更多的讨论。相对于内外服制、分封制等研究取得的丰硕成果，学者对周初三监之外的西周监制讨论相对阙如。这一状况在1958年应监甗发现后，得到了很大的改观②。郭沫若先生经过考证认为应监甗是西周初期之器，并认为作器者"也可能是中央派往应国的监国者"③。以此为契机，学术界逐渐把周初之监解释为西

---

①《史记·周本纪》载武王克商时的军队只有"戎车三百乘，虎贲三千人，甲士四万五千人"，见司马迁，《史记》（修订本），北京：中华书局，2013年，第157页。

②1958年，江西余干县黄金埠出土了一件铜器应监甗。此器通高34.9厘米，口径22.4厘米，款足高15.8厘米。口沿下饰一周带状雷纹，款足外饰饕餮纹三组。口沿内壁有铭文曰："应监作宝尊彝"。"该器系在别处早年出土的，因三款足有一足曾断，经过焊接。此器经过家藏，可能在某个时候，物主须暂时离开黄金埠，携带不便，又埋于地下"，参见朱心持：《江西余干黄金埠出土铜甗》，《考古》1960年第2期。

③郭沫若：《释应监甗》，《考古学报》1960年第1期。

周时期普遍存在的周王朝向诸侯国派遣监国者的所谓监国制度①。

由应监甗的发现引发学界对周初监制的讨论，让人们重新认识到西周确曾存在过以三监为代表的监制，正如徐中舒先生所言"周初于封建诸侯之外，同时还要设立诸监……这是西周时代诸侯诸监并存的记载，过去我们只知道周初为监视朝歌殷王武庚才设置三监，而不知诸监的设置，乃西周普遍存在的定制"②。然而，当前的讨论日渐趋向于把西周"监"制等同于"监国制度"。随着研究的深入，我们发现西周的"监"确实是监国手段之一，但这只是西周诸监的类型之一。除去监国之外，西周的监还有更为丰富的内涵。因此，本文拟在充分吸收现有成果的基础上，深入分析传世文献，与近年发现的相关金文相比较，重新梳理有关西周监制的史实，力图为全面思考西周监制做出新的尝试。

## 一、监国与封国：西周初年制度设计的理解纠葛

如前所述，由于以应监甗为代表的相关监器的出土，重新引发了学者对西周监国制度的讨论。由于这些相关器物的铭文都相对简短，除了提供西周存在监制的信息之外，对于这一制度的具体内容及其历史演变等研究则要借助于对传世文献的重新钩沉。经过对典籍的检索，关于西周之监的记载主要见于《尚书》《周礼》《礼记》《逸周书》《史记》等相对有限的文献中。在这些文献中，明确记载西周存在监国制度的文献主要有：

①参见耿铁华，《西周监国制度考》，《研究生论文选集·中国历史分册》（一），南京：江苏古籍出版社，1984 年，第 21—34 页；伍士谦，《论西周初年的监国制度》，西安：《西周史研究》（《人文杂志》丛刊第二辑），1984 年，第 120—129 页；彭邦本，《论西周国家结构与共主政体》，《先秦史研究》，郑州：中州古籍出版社，1989 年；任伟，《从"应监"诸器铭文看西周的监国制度》，《社会科学辑刊》2002 年第 5 期；田率，《新见鄂监簋与西周监国制度》，《江汉考古》2015 年第 1 期；万德良，《试论西周的监国制度》，烟台大学硕士学位论文，2014 年 5 月。
②徐中舒，《西周史论述》（上），《四川大学学报》1979 年第 3 期。

　　《周礼·太宰》："乃施典于邦国，而建其牧，立其监。"注云："监谓公侯伯子男，各监国一"。疏："建，立也。每一州中，立一牧。立其监者，每一国中立一诸侯，使各监一国"。

　　《礼记·王制》："天子使其大夫为三监，监于方伯之国"。

　　经过分析发现，当前学者把西周之监简化为监国制度的研究倾向，其所依据的一手文献主要是上述两条材料。对于这一问题，清儒姚鼐早有不同意见："周谓诸侯君其民曰'监'，故曰'殷监'，非监制武庚之谓也。《梓材》曰：'王启监'，言天下之诸侯也。《多方》曰：'今尔奔走臣我监五祀'，言畿内诸侯也。周制，亲、贤并建，武庚为殷侯，存商祀也，管、蔡为侯，富贵之也，是谓三监，夫其疑其乱哉！故《大诰》曰：'亦惟在王宫、邦君室'，明管、蔡之邦君也。管蔡既诛，乃并三国之地与卫，其始固与武庚各为国焉尔。周之侯专制，秦法乃令御史监君，衰世法也。汉儒作《王制》者，习闻秦制，又附天子赐命诸侯上卿之说及武庚监殷之事，乃云：'天子命其大夫为三监，监于方伯之国，国三人'。夫命为方伯，非贤莫可授也，授其贤而疑其心，使王朝之臣监之，何其示天下之小与？此真汉儒之谬说也！"① 姚氏此文否定三监是为了控制武庚而设，认为三监也是诸侯，是为了"君其民"而设，只不过在设立的目的上有荣亲（富贵管、蔡）与尚贤（尊荣武庚而存商祀）的区别。姚鼐认为三监就是各自独立的诸侯，否认了监制的存在，得到了顾颉刚先生的赞同："姚氏此文，据《梓材》、《多方》之文，发现'周谓诸侯君其民曰监'这一事实，因而断言'监殷'不是监制武庚，推翻了二千年来《大传》、《王制》等传统说法，他的眼光可说是特殊锐利。这一说，今日得有应监甗而证实。"② 然而，顾先生又发现了姚鼐这一观点所存在的问题："固然从仲几父簋铭看来，别'诸侯'与'诸监'为二，侯与监应当有所区分；但从《逸周书·

――――――――

① 姚鼐，《管叔监殷说》，《惜抱轩文集·九经五说》，上海：上海会文堂书局，1914年石印本。

② 顾颉刚，《"三监"人物及其疆地》，《文史》（第22辑），北京：中华书局，1984年。

王会》看，有'内台西面正北方：应侯、曹叔'之文，《诗·大雅·下武》'应侯顺德'是和'成王之孚'并提的，彝器中又有应侯鼎，可知应亦称'侯'，又似'侯'与'监'没有什么区分。由于周初史料的过度贫乏，现在还没法解决这个问题。"① 顾颉刚先生对姚鼐观点理解的矛盾集中在诸侯与诸监是并存的两种不同的制度，还是同一制度的两种不同表现方式。王玉哲先生则认为："姚氏从《多方》、《梓材》中发现的所谓'诸侯君其民曰监'，根本不可信。《尚书》中之《梓材》有'王启监，厥乱为民'，《多方》有'今尔奔走臣我监五祀'。这两处的'监'，完全不含有君其民的诸侯之义。《梓材》是说，国王设立'监'这种官司，是为了治理臣民；《多方》是告诫一些方伯诸侯（包括殷的贵族在内）说，你们臣服我们的'监'已五年了。这只能证明，周初在一些诸侯国中已经设置了'监'的官司制度"② 。显然，王先生认为监是一种独立的制度。

学者们对西周监制与诸侯制理解出现混淆的原因是忽略了对殷周之间制度转换历史过程的考虑。"小邦周"打败了"大邑商"，为了使有限的军力更好地统治被征服的人民，就有必要采取先沿用殷商旧制，稳定局势之后，再图变革的策略。如前所述，袭封武庚并设三监加以掌控就是其重要措施之一。由此进一步将监制推广实行，就形成了西周的诸监。这一时期，诸监的设置一如三监设置的初衷：充分利用有限的力量监视掌控重点区域。所以，有学者认为这时的诸监"其地位与周初之侯、田、男、卫四服相当。四服制原为殷商推行的外服制，对于巩固和加强其统治，曾起到一定的作用。周王朝建立后，最初不可能骤然改变这种制度，仍然承袭沿用……以后逐渐改变殷人旧制，把四服制变成分封制。周公东征后，大批的封建亲戚和兄弟以藩屏周室。将侯、田、男、卫逐步变成分封的授土授民的诸侯。而这些初封

---

① 顾颉刚，《"三监"人物及其疆地》，《文史》（第22辑）。
② 王玉哲，《周初的三监及其地望问题》，《古史集林》，北京：中华书局，2002年。

的诸侯，看来只是一些监国者"①。这段话从历史发展的角度很好地解释了周初诸监的地位、作用及其与分封诸侯的关系。诸监的设置承担起刚刚灭商之后的周王朝在制度草创时期，由殷商旧的外服制度向西周分封制度过渡的历史使命。前引《周礼·太宰》："乃施典于邦国，而建其牧，立其监。"郑注云："监谓公侯伯子男，各监国一"，虽然有对西周制度明显的理想化构建的特征，但也透露出西周监制与殷商外服制的承接关联来。同时，朱右曾在《逸周书集训校释》一书对《作雒篇》注释中说："禄父武庚名管叔监殷东之诸侯，蔡叔、霍叔相武庚，《王制》曰'天子使其大夫为三监，监于方伯之国'，盖本殷制，武王因之"，也说明了这一问题。

从这一角度看，在西周初年，诸监与诸侯存在着一定的交集，诸监所承担的往往就是在分封制还没有条件实施的背景下本来应该由诸侯担当的职责。对于这一问题，杨宽先生曾经有过涉及，只是没有展开论述，他认为："武王所推行的以三监为主的分封制，目的在于把新征服的商朝王畿分割开来，以便对原有统治势力的贵族加以安抚和监督，从而消除他们的顽强反抗，巩固对这个重要地区的统治。"② 可见，在杨宽先生看来，周初设置三监的行为也属于分封的一部分，是周初以分封制为主要特点的整体制度设计的草创阶段。

这样，我们自然就会从历史思维的内在逻辑出发，从诸监形成的源头，分清楚两者的关系了。此后，随着西周历史的不断发展，特别是以授土授民为标志的分封制不断实行，一度形成了诸侯、诸监并存的现象。如仲几父簋铭文："仲几父使几使于诸侯、诸监，用厥宾，作公宝簋。"明确揭示出诸侯与诸监的并存。这一点也引起了徐中舒先生的重视："以仲几父簋文字形体及其命名习惯论之，当诸侯诸监并存"③。张怀通先生认为："仲几父簋的'诸侯'与'诸监'对举可知，'监'不

---

① 伍士谦，《论西周初年的监国制度》。
② 杨宽，《西周史》（上），上海：上海人民出版社，2016 年，第 143 页。
③ 徐中舒，《禹鼎年代及其相关问题》，《考古》1959 年第 3 期。

是‘侯’，即不是临土治民的一级诸侯；但由两者的并列可知，‘监’与‘侯’的政治地位大致相当”①。‘监’与‘侯’的政治地位大致相当”，揭示出周初之监的重要性。在这一发现的基础上，我们通过进一步思考，认为两者还存在着更深层次的内在关联性，即‘监’的过渡性与‘侯’的常规性相互补充，在顺承殷商制度的轨迹下，逐渐完成从旧制度向西周新制度的转型。因此，把西周的监制理解为监国制度则是片面的，未能真实地反映这一制度实际状况。

## 二、西周诸监的特点及其分类

西周初期诸侯、诸监并置，二者相互补充，但同时又显示出各自的鲜明特点。与日后逐渐成熟与完善的常规性分封制度相比，终其西周一世，诸监的存在与发展始终都显示出其作为过渡性制度设计的特点。与诸监、诸侯不同的制度属性相适应的是，凡是在相对稳定的势力范围内，一般都会采取封国的方式加以常规化的统治管理；凡是不稳定的地区，特别是新旧势力交错，或者是与戎狄蛮夷交界纷争地区，往往就可能是先设过渡性的监，待稳定后，再实行常规的封侯。因此，有学者将西周的监论证为军监②，因此我们可以把西周所设诸监的特点概括为，以军监为主要实现方式、与诸侯等级相当的过渡性的组织。因此，为了全面了解西周诸监，下文对军监的判定标准、诸监的分类加以进一步阐释。

### （一）军监说及其判定标准

军监之说系孙作云先生首倡。正如前文所析，作为从殷商外服制

---

①张怀通，《“三监”人物及其结局》，《管子学刊》2013年第1期。

②孙作云先生最早提出军监说，他认为“所谓‘监’不是监视某一个人之‘监’，而是一个职官名”，而以“三监”为代表的诸监，都是在当地驻军的军监，周初的豳师、西六师、成周八师、殷八师的统帅与三监一样都是军监。参见孙作云，《说豳在西周时代为北方军事重镇——兼论军监》，《孙作云文集》（第2卷：《诗经研究》），郑州：河南大学出版社，2003年，第253—280页。

向西周分封制过渡的中间环节，西周诸监制肯定是带有浓厚军事组织色彩的；同时作为"小邦周"，为了利用有限的力量控制好所占领的"大邑商"的广大领土，采取以重要的战略要地为据点，派遣可靠的手下作诸监，分区镇守、监护国土，成为西周初期巩固统治的重要手段。从这一角度说，孙先生提出的军监说，具有一定的道理。他认为周初监殷的三监是军监，西六师、成周八师、殷八师是军监，一些军事据点的掌权者也都是军监①。

　　但是，作为周初与诸侯并存的诸监，应该是有一定等级门槛的，其地位大致上要与镇守边域之侯的等级相匹配。并不是随便什么规模的驻军，其长官都可称为军监。对于西周监的等级可以从《礼记·王制》的记载中略窥一斑："天子之大夫为三监，监于诸侯之国者，其禄视诸侯之卿，其爵视次国之君"。《礼记》虽然成书较晚，存在理想化构拟的可能，但是毕竟去古未远，其记录总会有一定的历史真实性。因此，我们理解孙作云先生所说军监的时候，应考虑到这一点，即只有具备与诸侯相当等级的军事组织才有可能称监。按照这一原则，如西六师、殷八师等没问题，而孙作云所说"众多军事据点的掌权者皆称为监"，则要具体问题具体分析，例如西周中期的善鼎铭文：

　　　　唯十又二月，辰才（在）丁亥，王才（在）宗周，王各（格）大（太）师宫，王曰：譱（善），昔先王既令女（汝）十（佐）疋（胥）奠厌（侯），今余唯肇糯（申）先王令，令女（汝）十（佐）疋（胥）奠厌（侯），监燮（幽）师戍，易（锡）女（汝）乃且（祖）旂，用事。②

　　学者根据"令女（汝）十（佐）疋（胥）奠厌（侯），监幽师戍"一句，认为"善则为领兵戍守幽地左右奠侯之监国"③。从文义上来看，善是受王之命，辅助奠侯监幽地守卫之师的，从其作为副手的地位来

①孙作云，《说幽在西周时代为北方军事重镇——兼论军监》。
②吴镇烽，《商周青铜器铭文暨图像集成》（第5册），上海：上海古籍出版社，2012年，第363页，编号02487。后引此书采用"《铭图》+编号"的格式。
③伍士谦，《论西周初年的监国制度》。

看，称其为监是不当的。按照上文所揭示的标准，虣侯是军监更符合实际情况。

弄清楚了诸监的军监性质及其标准之后，再结合近年新发现的诸监器的铭文，可以把西周诸监根据其要实现的目的分为"监遗民"与"监异族"两种主要类型，分述如下。

（二）监遗民

如前所述，由于应监甗的发现，形成了西周存在监国制度的流行说法。就现有材料来看，能够基本确认为监国的只有周初的三监。对于三监人物及其疆地，以往学界进行了充分讨论，此不赘述，这里只对三监作为西周之监的一个类别进行讨论。而且，就现有史料来看，三监是西周设置诸监的源头①。三监之设是在把原殷商王畿一分为三后，分别由三监加以掌控。当然，当时的名义是辅助、帮助一类辞令，如：

《逸周书·克殷解》："立王子武庚，命管叔*相*。"②

《史记·周本纪》："武王为殷初定未集，乃使其弟管叔鲜、蔡叔度*相*禄父治殷。"③

《史记·鲁周公世家》："封纣子武庚禄父，使管叔、蔡叔*傅*之，以续殷祀。"④

《史记·宋微子世家》："武王封纣子武庚禄父以续殷祀，使管叔、蔡叔*傅相*之。"⑤

典籍多次出现的所谓三监傅相武庚的说法，正是说明三监负责监控在周初武王分封中获得封国的武庚。这里我们要注意的是，当时三监监殷的具体方式就是"看起来是一种以诸侯监诸侯之制，三叔各有

---

① 参见张怀通，《"三监"人物及其结局》。
② 黄怀信、张懋镕、田旭东，《逸周书汇校集注》（修订本），上海：上海古籍出版社，2007年，第356页。
③ 司马迁，《史记》（修订本），北京：中华书局，2013年，第163页。
④ 司马迁，《史记》（修订本），第1825页。
⑤ 司马迁，《史记》（修订本），第1935页。

自己的封国，同时又负有监殷的使命"①。这一形式又被任伟先生概括为"监之于外（即以国监国）"②。这两种观点是目前关于西周监国制度持之有故的成果。而这种表现为以国监国的制度实际上是周初为了处理殷遗民问题的特定时期的特定表现形式，这类监可以称为"监遗民"类型。此后，监的设立主要是在周王朝边疆与异国或异族互有攻守之区域，这时的监就属于"监异族"的类型了。要重申的是，"监异族"类诸监自始至终都体现了作为临时攻防异族而设的军监的特点，一旦周王朝对这类地区控制相对稳定，进入常规化管理阶段后，很有可能就会用分封制取代监制，设立固定的封国进行有效的管理。

（三）监异族

作为周初用来控制不稳定地区的过渡性制度设计，监一直活跃于西周开疆拓土的前线。这些前线地区是周王朝与异族争夺土地的焦点。综观西周的四土经略史，大致上是西土、北土相对稳定，因此通常直接封邦建国，即可实行正常统治；而东土、南土却常常受到以东夷、淮夷为代表的异族侵扰，因此为了征伐这些异族和开拓西周的疆土，周王朝也往往采用了诸侯诸监并用的方式，步步为营，亦攻亦守。这些在边域前线设置的监，从性质上看是属于军监，从其针对的对象上看，则表现为对以夷人族群为代表的异族的征伐与掌控。因此，下面对出土诸监器所见西周防控异族之诸监加以具体分析。

1. 由应监诸器看应监之设的战略意义

在现有的应监诸器中，最为著名的是 1958 年江西余干发现的应监甗（《铭图》3268，西周早期）："（應）監乍（作）寶尊彝。"另有一件同样判定为西周早期器的应监鼎（《铭图》1240）："（應）監乍（作）旅。"《铭图》亦收录了另外一件应监甗（3329）："（應）監乍（作）寶尊彝，其屬（萬）年永用。"《铭图》标称时代为"西周晚期"。从上述诸器可以看出，自西周早期至中晚期，周王朝在应地一直

①赵伯雄，《周代国家形态研究》，长沙：湖南教育出版社，1990 年，第 151—154 页。
②任伟，《从"应监"诸器铭文看西周的监国制度》。

设监。1982 年、1985 年、1986 年，考古工作者先后在河南平顶山市西北滍阳岭进行了系列考古发掘，发现了大量的应国铜器。通过对这些考古成果的研究，基本上确定了西周时期应国的地望就在今河南平顶山市西北的滍阳岭附近①。周王朝持续设监于应的原因就在于这一地区是周王朝与淮夷交战的战略要地："西周应地地处成周南侧，每当南夷、淮夷向北进攻，应必然首当其冲"②。

2. 鄂监之设与周王朝的南土经略

2013 年中国国家博物馆新入藏了一件有铭鄂监簋，为研究西周监制提供了新材料。此器收于吴镇烽主编的《商青铜器铭文暨图像集成》③，被定为西周早期器，内底铸铭七字："噩（鄂）監乍（作）父辛寶彝"，说明是鄂监为其父辛所作之器。

鄂监簋铭文照片（《铭图》）　　　　　　鄂监簋图像（《铭图》）

自 1975 年随州安居羊子山开始发现鄂国遗物④，1980 年⑤、2007

①参见周永珍，《西周时期应国、邓国铜器及地理位置》，《文物》1982 年第 1 期；马世之：《应国铜器及相关问题》，《中原文物》1986 年第 1 期。

②周书灿，《中国早期四土经营与民族整合》，合肥：安徽工业大学出版社，2011 年，第 194 页。

③吴镇烽，《铭图》，编号 4441。

④随州市博物馆，《湖北随县发现商周青铜器》，《考古》1984 年第 6 期。

⑤随州市博物馆，《湖北随县安居出土青铜器》，《文物》1982 年第 12 期。

年①又陆续出土大量鄂国青铜器。学术界普遍认为羊子山墓地是西周早期鄂国公族墓地。这说明西周早期鄂的势力已经达到汉东地区，而这一地区是西周南土经略中的重要前沿②。2012 年在南阳新乡店夏响铺发现了西周晚期至春秋早期的鄂国墓地，研究发现该墓地至少葬有四代鄂君，并出土了鄂侯鼎等青铜器③。这说明，鄂的势力范围也包括南阳一带。这一系列的考古发现提示我们，在西周早期至春秋晚期，鄂是周王朝经略南土与南国的战略重要依靠力量，其势力从南阳一直延展到汉东的随州地区。周王朝早期将鄂布局于由中原通往汉东地区的交通要冲时，极有可能是先采取了设军监的方式，此次新发现的鄂监簋即是一证据。随着鄂监的势力不断发展壮大，周的势力渗透到了江汉地区，鄂监因此立下了赫赫战功，可能得到周王朝的封侯褒奖，于是鄂侯取代了鄂监，继续担当守土与开疆的重要责任。

据田率先生研究："值得注意的是该簋铭文鄂监先考'父辛'使用日名，符合商人的称谓习惯。而且从鄂监簋的形制来看，此式簋应从安阳殷墟出土的大丙簋发展而来，带有商末殷人风格，确与西周早期周人的侈口、垂腹或带方座的簋不同。从鄂监簋的文化特征上判断鄂监的身份具备商遗民的可能。另外，有学者根据对鄂东地区的考古遗存进行考察，认为三监之乱后残余的殷商势力可能流落至此，聚族而居。从疑尊、卣铭中可知宋、鄂联系紧密，宋为殷商王室遗胄封国，鄂人与殷遗民存在着千丝万缕的微妙关系。周王很有可能采取'以夷制夷'的变通政策，利用商人的力量监督管束鄂君，反映出周朝统治者灵活应变的政治智慧。"④ 周王朝设鄂监有可能采取了"以夷制夷"的策略，恰恰与周初设三监"以殷制殷"有着异曲同工之效果，说明鄂监更全面地体现了周监的智慧和精髓。

---

① 随州市博物馆，《随州出土文物精粹》，北京：文物出版社，2009 年。
② 参见朱凤瀚，《论西周时期的"南国"》，《历史研究》2013 年第 4 期。
③ 崔本信、王伟，《南水北调中线工程南阳夏响铺鄂国贵族墓地发掘成果》，《中国文物报》2013 年 1 月 4 日；《2012 年度河南省五大考古新发现》，《华夏考古》2013 年第 3 期。
④ 田率，《新见鄂监簋与西周监国制度》。

3. 痀监与周王朝对东夷的防控

1964 年山东龙口市芦头镇韩栾村出土过一件鬲鼎，《铭图》定为西周早期器物①。鼎内壁铸有铭文："痀（句）监乍（作）寶尊彝。"朱凤瀚先生认为："（句监）其身份与周初之三监同，是周王朝派到下属侯国或其他地区代表朝廷进行监管的官吏。韩栾村出土鼎所铭'监'，当是痀地之监，而有可能属于本地服属于周的一小方国，未见史载。"②朱先生判断痀监身份与"周初之三监同"，准确地把握了周监的要点，同时对"痀地之监有可能属于本地服属于周的一小方国"的论断，实际上也较接近历史真实地把握了"'监'与'侯'的政治地位相当"的要点。所以，朱先生对痀监的判断与流行的"监国制度"不同，把握了西周诸监的本质特点。从痀监设立的意义上看，由于这里在东夷势力核心区域附近，周王朝在此处设监，毫无疑问是用来加强对东夷地区征伐与掌控的。

## 三、西周诸监的历史演变

本文利用近年发现的诸监器铭文及古地望的考古发现，结合传世文献对西周监制的性质、分类进行了新的探讨，在上述探讨的基础上，下面进一步对西周诸监的历史发展轨迹进行探索。

（一）承前启后：作为从外服制到分封制过渡环节的西周诸监

西周之监设立的初衷就是作为由殷商旧制向周代新建制度过渡环节，为完成新旧制度转换而做出的制度设计。这是西周诸监的历史起点。具体的特点已经在前文详细阐明，此不赘述。

（二）"监之于内"还是"监之于外"：西周诸监的制度定位

关于西周监制历史形态的判断还面临着如何回应当前讨论较多的监国制度具体实行方式的问题。学者们在早期的研究中，把西周的监

---

①《铭图》，编号 1617。

②朱凤瀚，《中国青铜器综论》，上海：上海古籍出版社，2009 年，第 1400 页。

制整体上当作"监国制度"来探讨①；随着研究的深入，有人提出西周的"（三监）是一种以诸侯监诸侯之制"②，"监之于外（以国监国)③；最近又有学者认为西周的监制经历了从"监之于内"向"监之于外"的发展与完善："在经历了周初三监之乱后，周朝统治者放弃了'以国监国、监之于外'的监国政策，周王在分封诸侯的同时，开始实行'监之于内、世官世守'的新方式控制地方诸侯：周王朝在诸侯、方国境内设置监察之官，诸监直接对周王负责，世代继守，监视邦君的行为，伺察其动静，建构起周王驾驭诸侯臣属的有效管理模式"④；也有学者认为，"监之于内"即是西周的命卿制度，与"监之于外"的监国制度共同构成了完整的西周监国制度⑤。

要辨明西周监制的历史演变规律就不能不对上述观点加以分析研判。

首先，关于"监之于外"（以国监国），我们首先要明确的一点是，两位提出此观点的学者都是针对周初三监研究所得出的结论。因此，这一观点不可以被扩大应用到整个西周诸监研究中去，因为缺乏足够的证据支持。从现有材料来看，作为西周设监之始的三监，采取监之于外是没有问题的。"监之于外"理论的作者指出"监之于外（以国监国）是为了指出这种制度"与后世的中央集权王朝派官员到诸侯国内监督是大不相同的"⑥。因此，就目前史料来看，"监之于外"只适用于"周初三监"的个例。

其次，关于"在经历了周初三监之乱后，周朝统治者放弃了'以国监国、监之于外'的监国政策，周王在分封诸侯的同时，开始实行

---

①耿铁华，《西周监国制度考》；伍士谦，《论西周初年的监国制度》；彭邦本，《论西周国家结构与共主政体》。

②赵伯雄，《周代国家形态研究》。

③任伟，《从"应监"诸器铭文看西周的监国制度》。

④田率，《新见鄂监簋与西周监国制度》。

⑤万德良，《试论西周的监国制度》。

⑥任伟，《从"应监"诸器铭文看西周的监国制度》。

'监之于内、世官世守'的新方式控制地方诸侯'"的观点，缺乏直接证据，在没有发现新的直接史料证据的前提下，似不可看作定论，可暂且存疑。

最后，关于"监之于内"等同于西周命卿制度的观点，是把监国制度泛化的结果。西周确实存在着系统的命卿制度，是定位非常清晰的王官系统，杨宽先生也明确认为："当时天子能够控制和使用诸侯，首先由于诸侯的卿出于周王的派遣、选拔和任命。"① 两种制度的区分类似于殷商时期的内服与外服制，在西周时代一个是中央王官制，一个是地方诸侯、诸监制，二者似不宜混为一谈。"'监之于内'之监国制度的产生主要是以中央集权为背景的"②。这应该是秦统一之后所开启的秦汉监察制度模式。

（三）由监到侯：西周诸监的历史消长

西周诸监存在着由监到侯的演变路径，特别是西周晚期以后，随着王纲解纽，周王朝对地方的控制力日渐减弱，逐渐形成诸侯坐大的趋势，侯的地位日渐显赫，诸监向诸侯转型的动力日渐加大，到春秋时期很可能就只有诸侯，鲜有诸监了。由传世文献及出土文献都能找到由监到侯转变的线索，试述如下。

首先来看卫由监到侯的转变。根据《史记·卫康叔世家》记载，康叔子康伯以下六代皆称伯，至顷侯始称侯。故《史记·卫康叔世家》称："顷侯厚赂周夷王，夷王命卫为侯"。唐代司马贞《索隐》曰："比子康伯即称伯者，谓方伯之伯耳，非至子即降爵为伯也。故孔安国曰：'孟，长也。五侯之长，谓方伯。'方伯，州牧也。故五代孙祖恒为方伯耳。至顷侯德衰，不监诸侯，乃从本爵而称侯，非是至子即削爵，及顷侯赂夷王而称侯也。"《史记》及《索隐》的这段记载说明，卫康叔及其后代六世可能即是周王朝的监，夷王时期监的地位下降，侯的地位上升，所以卫顷侯厚赂周夷王，完成了身份的转

---

① 杨宽，《西周史》（上），第 418 页。
② 任伟，《从"应监"诸器铭文看西周的监国制度》。

换，由监转为侯。

其次，学者对出土应监甗铭文研究后认为："应监甗的器主开始是派出来做监的，他也领有采邑，后来逐渐发展为诸侯，而诸监之名也不复为人所知了。"①

由上述两例可知，在西周确有可能存在着由监到侯转变的现象。

最后，说早期的曾可能是诸监之一。

2009 年，湖北省文物考古研究所、湖北省随州市博物馆在湖北随州义地岗墓葬群的文峰塔墓地配合工程建设，抢救性发掘了两座春秋墓葬（编号 M1、M2）。在 M1 墓葬中发现了多件带有"曾侯舆"铭文的青铜编钟、铜鬲等，由此确定该墓为春秋"曾侯舆"墓②。曾侯舆墓的发现，特别是曾侯舆编钟铭文的记载内容，为解决长期存在的曾随之谜系列问题提供了宝贵的新材料。学术界普遍认为李学勤先生早年提出的曾随一国二名说是正确的。但是，这里面始终有一个让人难以释怀的问题，即传世文献不见有关曾国的记载，只见随国的记载。徐少华先生认为："首先是春秋早期以降，曾国的实力大为削弱，疆土明显缩小，成为楚系附庸：战国时期基本上只拥有以今随州城区为中心的一小片土地，且与外界的联系较少，影响极其有限。其次是《左传》《国语》这些文献，均成书于北方的黄河中下游地区，对南方及周边地区的史实，了解得不移全面、不太细致，对当时以随为都邑的楚系附庸小国——曾的情况可能更是如此，因而皆以其都邑所在的'随'称其国，《史记》《汉书》的成书更在曾（随）灭亡的二三百年之后，基本延续《左传》《国语》的记载，从而形成传世文献中仅有汉东随国而不知其正式国名称'曾'的缺失"③。这个解释有一定道理，但是也有进一步讨论空间。我们认为，曾在西周早期很有可能是诸监之一，是

---

①徐中舒，《西周史论述》（上）。

②参见，湖北省文物考古研究所、随州市博物馆，《随州文峰塔 M1（曾侯舆墓）、M2 发掘简报》，《江汉考古》2014 年第 4 期。

③徐少华：《曾侯舆钟铭和曾随若干问题释疑》，史语所，《第五届古文字与古代史论文集》，2016 年 12 月 25 日—27 日。

西周王朝派到随枣走廊战略要道上的监，以后累积军功而转为曾侯。故曾侯與编钟铭文在追述其祖南公始封时说："王遣命南公，营宅汭土，君庇淮夷，临有江夏"，这段话非常契合于监的职责。另外，据中甗铭文记载，昭王在南征之前："王令中先，省南国贯行，设居在曾"①。可见，曾当时处在周王朝征伐南国异族的要道上，在此地设立类似临时行宫，说明曾一定是一个担负重要军事职责且等级较高的边域长官，这非常符合监的特征。这或许为解决曾随之谜提供一个可供参考的新思路。

## 小　结

通过以上论述，本文的主要结论是：

一、西周时期的"监"是由殷商时期的外服制向分封制转变时期实行的一种过渡性的制度，其地位与诸侯相当，并一度与诸侯制度并存，二者互相补充，共同担当镇守边域、防控被征服地区人民和异族入侵及开疆拓土的职责。一般来说，在周王朝与异族或异国交界纷争的前沿不稳定区域，先设置具有军监性质的诸监，在监控局势的同时，随时可以参与征伐与攻守；当这一地区进入稳定状态后，往往会分封诸侯进行常规的统治。

二、根据监的设置意图，西周诸监可以分成"监遗民"与"监异族"二类。西周初年，武王设三监以监殷遗民是西周监制设立的源头。三监可以说是"监之于外"的监国制度的个例，除此之外不能把西周诸监等同于"监之于内"的监国制度，因为监国制度是进入中央集权体制下才可能形成的监察制度；更不能把西周的命卿制度也纳入到监国制度，两者分属二种不同的职官体系。

诸监作为过渡性的制度设计，在西周晚期逐渐退出历史。一方面，

①《铭图》，编号 3364，标注为西周早期后段器，学术界有成王与昭王时代两种说法，但以倾向昭王说为主，本文取昭王说。

由于诸监具有战时军事组织的特点，一旦所负责的地区进入稳定掌控时期，周王朝可能主动将诸监转封为诸侯，进行常规的管理；另一方面，西周末期，周王朝的控制力开始日渐减弱，诸侯势力开始坐大，相比较而言，诸监地位就不如诸侯重要了，于是诸监也开始主动谋求转换身份，变成诸侯。

（原载《青铜器与金文研究学术研讨会论文集》，2017 年 10 月，郑州）

# 金文所见西周授民授疆土再探讨

授民授疆土是西周分封制的主要表现形式。正是授民授疆土逐渐发展成为有周一代标志性的分封制度，使周王朝从制度层面完成了对商代的革故鼎新。这一革新的意义在于："周王以授土授民的赏赐方式改变了商代侯甸男卫的四服制……改变了殷代的生产关系，这就使殷周成为两种不同社会"[①]。这说明授民授土之制的实行标志着与殷商完全不同的周代社会的形成。所以，充分了解授民授疆土的形成、发展、演变并最终形成分封制、取代商代四服制的具体过程，是我们准确把握商周制度转捩的关键。因此，本文在梳理传统文献的基础上，结合金文有关授民授疆土材料的新解读，对西周授民授疆土方式的演变规律再做探讨，以求对充分把握以殷周制度更新为代表的新旧制度转换经验有所裨益，不妥之处，请方家指正。

## 一、授民授疆土与西周分封制

所谓授民授疆土，是指由周王统一掌握土地和人民，根据王朝的统治需要、对王公贵族世袭地位的确认，以及对功臣的奖赏等目的，进行不同规模和数量的土地和民众的赏赐。这相对于商代服役性的侯

———————————

[①]徐中舒，《西周史论述》（上），《四川大学学报》1979 年第 3 期。

甸男卫四服制度是一种新的制度设计。这一做法经过不断地发展完善，最终定型为众所周知的西周分封制。细考西周历史的发展演变，从授民授疆土的赏赐方式开始实行，到最终确立为周王朝标志性制度的分封制，经历了漫长的过程。在这漫长的历史演化过程中，周人在顺应原有殷商旧制度的进程中，同时推行授民授疆土的新制度，最后形成稳固的屏蕃周王朝的分封制，完全摆脱了殷商旧制度的纠葛与影响，完成了周制的创建，体现出了周人深谋远虑而又持之以恒的制度承接与转换创设的历史智慧。

然而，由于历史久远，以及后来所经历的春秋战国时代长期的分裂与战争，西周以前的史料大量散佚，西周时期的历史记录相对于后世诸朝代显得相对不足。因此，就传统文献来了解西周历史，得到的往往是一些断断续续的由诸多典型史实构成的节点性历史记录。这些重要的节点性历史记录，往往是一些重要的历史事件、思想观念以及制度措施等，是历史经验的高度概括。我们今天要正确掌握其要领，就要重新还原其形成的历史过程，体验其面对复杂的历史状况是如何逐渐形成相应对策，并最终形成成熟的分封制的思考与实践历程。以授民授疆土为特点的分封制作为西周制度建设的典型节点，其形成的过程也同样遵循了这样的规律。因此，要深入了解分封制的精髓，就有必要从早期的授民授疆土开始对这一制度从初创到最后形成的过程进行一个回顾，从历史发展演变的规律中把握其所承载的历史智慧。如上所述，由于传统文献对于还原作为历史智慧结晶的分封制度形成过程同样显得不足，所以我们今天研究西周分封制可以结合金文资料对授民授疆土的初创、演变、直至分封制的最终确立进行新一轮的分析。正如有学者认为："研究西周的官制当以西周金文材料为主体，而研究东周官制则应以文献为主体。"①

---

①张亚初，刘雨，《西周金文官制研究》，北京：中华书局，1986年，第185页。

## 二、《大盂鼎铭》"域"字的释读与周制初创时期 的授民授疆土

在众多的金文材料中，《大盂鼎铭》对于康王时期授民授疆土的记录较为完整，具有代表性。为了论述方便，现将《大盂鼎铭》记述授民授疆土部分拓片及文字节录如下：

铭文拓本：

拓本 a① 拓本 b②

铭文释文：

雩（零）我甘（其）遹省先王受民受疆（疆）土，易（锡）女（汝）邕一卣，冂衣、市（韨）、舄、车、马，易（锡）乃且（祖）南公旂，用遇（狩），易（锡）女（汝）邦嗣（司）三（四）白（伯），人鬲自驭（驭）至于庶人六百又五十又九夫，易（锡）尸（夷）嗣

————————

①吴镇烽，《商周青铜器铭文暨图像集成》（第 5 册），上海：上海古籍出版社，2012 年，第 443 页，编号 02514，后引此书简称"《铭图》"。

②吴镇烽，《铭图》（第 5 册），第 446 页。

（司）王臣十又三白（伯），人鬲千又五十夫,逦寰遷自毕（厥）土①。

在《大盂鼎铭》这段集中记述授民授疆土的文字中尚有一个较为关键的"▆"字从文字的隶定，到字义的释读都还没有达成共识。由于这个字的重要性，能否对其准确释读将直接影响对处于草创时期授民授疆土的准确理解。通过对前人释读成果的分析辨正，参照战国秦汉竹简的研究成果，作者尝试将《大盂鼎铭》的"▆"字释释为"寱"，即战国竹简中的寱字，读为"域"②。在对《大盂鼎铭》"▆"字的新释读基础上，本文继续从古文字与古代史互动关系出发，从古文字发展演变的规律中探究授民授疆土的发展完善过程。

我们采取的方法是把这个"寱"字纳入到与其相关，同时也与授民授疆土发展进程有关的"或"字与"國"③字之中，进行文字演变序列的排比。然后，通过对每一个字形与相应时期授民授土关系的分析，最终就可以得出一个相对完整的文字与制度互证的演变轨迹。

我们通过对古文字史的梳理，发现这三个相关字的演变序列是"或—寱—國"，下面就对每一个字及其相关时期的授民授疆土制度状况分别进行分析。

首先来分析"或"字。

《说文解字》："或，邦也，从囗，从戈，以守一。一，地也。"④今人依据出土文献进一步认为："（或）会用戈守城之意。國之初文。"⑤可见，"或"字本义是表示守卫固定的地域，虽然说是"國之初文"，但是那一时期的"國"可能并不是后世所理解的有一整套国家机器的国家之国，而可能只是一块初级形态的封地。之所以这么说，

①吴镇烽，《铭图》（第5册），第443页。
②具体的释读请参见拙作《〈大盂鼎铭〉域字考释》，载《青铜器与金文》第二辑，上海：上海古籍出版社，2018年。
③为了便于字形分析，此处的"国"字，及下文凡涉及字形分析的"国"字，均采用繁体。
④许慎，《说文解字》，北京：中华书局，1963年，第266页。
⑤李学勤主编，《字源》，天津：天津古籍出版社，2012年，第1108页。

可以从《大盂鼎铭》的"或"字分析得到一定的印证。

再看"寏"字。

从构形上来看，"寏"字在"或"字上加了义符"宀"，表明在封地中有了重要的标志性的建筑。正如学者考察商代社会时所指出的："商代所封建的氏族，都就其采地中心建筑城邑，也可名之曰'城主政治'。"①《逸周书·作雒解》在记述平定三监及淮夷的联合叛乱后重新建立对反叛区统治秩序时言："俾康叔宇于殷，俾中旄父宇于东。"② 朱右曾《逸周书集训校释》："宇，宅也。"亦可训"宇，居也"。《诗·大雅·緜》："聿来相宇"，毛传。可见，此处的"寏"字如果用作动词，与《逸周书·作雒解》"俾康叔宇于殷，俾中旄父宇于东"一句中的"宇"字义近，是在某地建屋居住（常常是有驻守之义）。这里所指的屋不是普通的屋，应该是具有某种等级标志的大型宫宇性质的建筑，所以当"寏"字或"宇"字用作名词的时候，大致是泛指建有城邑的封地之义。这时的"寏"字应该仍然是侧重地域概念的用字，依据其规模兼有政治等级含义。

至于"国（國）"字，《说文解字》："國，邦也，从囗，从或。"③根据金文的研究，"'國'之初文作'或'……（或字）因借用为或然之'或'及疑惑之'或'，遂加'囗'旁作'國'，或加'邑'旁作'郕'（《金文编》826 页，师袁簋）以表示本义；战国文字中又出现了加'土'旁的'域'（三体石经古文）和加'宀'的'寏'字（郭店楚简《缁衣》），均为形声字。其中，'郕'、'寏'二字后世不再使用，'或'、'域'、'國'则分化为三个不同的字（《说文》：'國，邦也。'戈部：'或，邦也。……域，或又从土。'是'或'、'域'、'國'古本一字）。本义指疆域、地域……引申指地区、区域……又引申指分

---

① 丁山，《甲骨文所见氏族及其制度》，北京：科学出版社，1956 年，第 54 页。

② 黄怀信、张懋镕、田旭东，《逸周书汇校集释》（修订本），上海：上海古籍出版社，2007 年，第 520 页。

③ 许慎，《说文解字》，第 129 页。

封的诸侯国。"①

我们从"或"、"域（或）"、"國"字义的发展演变中可以发现，作为授民授疆土的对象之一："土"的规模与形式的演变，是从"或"到"或"再到"國"，所授土地由偏重地域概念的内涵逐渐加强了政治概念的内涵，到"國"字阶段则完全变成了"诸侯国"的代名词。这样就会使我们对分封制的形成和发展完善的过程有一个新的认识。而《大盂鼎铭》所反映的授民授疆土，还是一个早期的形态，还不能就此判断康王对盂的授民授疆土就是封国。有如下几点原因：

第一，如上所述，从《大盂鼎铭》"或"字的释读，可以发现其含义大致等同于从"國"之初文"或"字向诸侯国之义的"國"字演变的中间环节"域"字的阶段，即表示"地区、区域"的阶段。"或"字加"宀"为形符，反映出其与加"土"为形符的区别在于，作为这一时期授民授疆土特定规模的名词，在其区域范围内有表示一定等级政治权力的标志性宫室建筑。这也是后来演变为诸侯国的重要因素之一。

第二，从《大盂鼎铭》所记授民授疆土的规模上来看，也达不到封国级的水平。

《大盂鼎铭》记授疆土："易（錫）女（汝）邦嗣（司）三（四）白（伯），人鬲自驭（馭）至于庶人六百又五十又九夫，易（錫）尸（夷）嗣（司）王臣十又三白（伯），人鬲千又五十夫，遞襄遷自亯（厥）土。"从这些具体的赏赐内容来看，康王共授盂十七伯及各色人等一千七百零九人。这些人作为一个诸侯国来说，数量显然不足。

与《大盂鼎铭》形成对比的是，与其同时代的《宜侯夨簋铭》关于授民授疆土的内容是："易（錫）土：亯（厥）川三百□，亯（厥）□百又廿，亯（厥）宅邑卅又五，亯（厥）□百又卌，易（錫）才（在）圖（宜）王人十又七生（姓），易（錫）奠（奠、甸）七白

————————————

① 参见李学勤主编，《字源》，第 1108 页 "或" 字条及第 559 页 "國" 字条。

（伯），乎（厥）盧囗又五十夫，易圖（宜）庶人六百又囗六夫。"①

首先明确记载"囗侯于宜"，明确了被封授民土者的诸侯身份。其次，从授土的种类和规模来看，仅从能明确识读的铭文来看，有"乎（厥）川三百囗"，"乎（厥）宅邑卅又五"，"宅邑"应该是用来供人居住的城邑，就有三十五座，可见其所获得授土的规模之宏大。再从授民规模来看，仅从"才（在）圖（宜）王人十又七生（姓）"和"易（錫）奠（奠、甸）七白（伯）"，以及"乎（厥）盧囗又五十夫，易圖（宜）庶人六百又囗六夫"来看，就包括有七个姓的整族人口，以及七个伯级王官等，人口规模相当可观。

通过把《宜侯矢簋铭》授民授疆土的规模与《大盂鼎铭》相比较，就非常直观地说明盂所获得的封赏远不能与诸侯级相提并论。

第三，从鼎铭内容推测盂的身份不是诸侯。

关于盂的身份，李学勤先生曾撰文支持陈汉平先生提出的"小司马"说："盂此时被任用为显要官职。陈汉平同志根据铭中'今余惟命汝盂绍荣'，'遹绍夹死司戎'两句，推断其职为小司马，是正确的……盂的职官是司马，可由小盂鼎证明……（小盂鼎）铭中荣在献俘时受命审讯，地位比盂高，合于大司马的身份……《尚书·顾命》传云成康间毕公为司马，大盂鼎作于康王二十三年，则荣是取代了毕公的官职，而盂是他的副手。"② 最近，亦有学者直接以鼎铭中的记载"司戎"作为盂祖南公及盂继承其祖的身份③。由此可见，无论是小司马，还是司戎，盂的身份都不是诸侯。

综上所述，通过对《大盂鼎铭》中尚未解读的有关授民授疆土关键字"彧"字所做文字与古史互证的研究，再把《宜侯矢簋铭》与《大盂鼎铭》关于授民授疆土内容进行比较，参照学者对于盂的身份研究，可以得出在康王时期对盂进行的授民授疆土准确地说是一种赏赐

---

① 吴镇烽，《铭图》（第 12 册），第 145 页。
② 李学勤，《大盂鼎新论》，《郑州大学学报》（哲学社会科学版）1985 年 3 期。
③ 参见沈长云，《谈曾侯铜器铭文中的"南公"》，《中国史研究》2017 年 1 期。

行为，不能与通常意义上的封国级别的分封划等号。正如本文开篇所举，授民授疆土措施的实行是周王朝形成完全不同于商代社会制度的标志。这毫无疑问是其重要的意义所在。那么，这种与前朝完全不同的方式是如何促使周王朝形成与殷商完全不同的社会，则是我们要进一步揭示的重要问题。

### 三、启以商政，疆以周索：殷周制度交替时期的授民授疆土

《左传》定公四年记祝佗述周初对鲁、卫、晋三个姬姓进行分封的目的、策略与具体内容：

> 昔武王克商，成王定之，选建明德，以蕃屏周。故周公相王室以尹天下，于周为睦。分鲁公以大路、大旂，夏后氏之璜，封父之繁弱，殷民六族，条氏、徐氏、萧氏、索氏、长勺氏、尾勺氏，使帅其宗氏，辑其分族，将其类丑，以法则周公。用即命于周。是使之职事于鲁，以昭周公之明德。分之土田陪敦、祝、宗、卜、史，备物、典策，官司、彝器；因商奄之民，命以《伯禽》而封于少皞之虚。分康叔以大路、少帛、綪茷、旃旌、大吕，殷民七族，陶氏、施氏、繁氏、锜氏、樊氏、饥氏、终葵氏；封畛土略，自武父以南及圃田之北竟，取于有阎之土以共王职；取于相土之东都以会王之东搜。聃季授土，陶叔授民，命以《康诰》而封于殷虚。皆启以商政，疆以周索。分唐叔以大路、密须之鼓、阙巩、沽洗，怀姓九宗，职官五正。命以《唐诰》而封于夏虚。启以夏政，疆以戎索。[①]

鲁定公四年（公元前506年）[②]，上距《大盂鼎》的康王二十三年（公元前998年）[③] 近五百年，因此这时对西周分封制的记录应该是较

---

①杨伯峻编著，《春秋左传注》，第1536—1539页。

②采用杨伯峻编著《春秋左传注》第1532页的推算结果。

③据中国社会科学院历史研究所《中国历史年表》课题组，《中国历史年表》（北京：中华书局，2013年），康王元年为公元前1020年，推算所得。

为完整、成熟形态的记录。这种完整性表现在其对这一制度设立初衷的概括："选建明德，以蕃屏周"。说明西周实行以授民授疆土为主要表现形式的分封制的目的就是为了巩固周王朝的统治。为了实现这一目的，可以从其概括的对康叔、唐叔分封的策略中看到这一赏赐方式后面的除旧布新思路："启以商政，疆以周索"，以及"启以夏政，疆以戎索"。这一思路的共同特点是思考如何在曾经的夏、商统治地区，在顺应其政策惯性的基础上，实行新的疆土统治办法。当新的疆土统治政策执行久了，大家逐渐适应新的政策，就逐渐废除旧的政策，全面实行新的政策，完成新旧制度的转换。用今天的话来理解就是"因俗为变"。周王朝在顺应夏商遗民原有政策心理惯性前提下，推行新的疆土统治的具体方法就是授民授疆土。下面通过梳理西周不同类型的授民授疆土策略来具体分析周王朝在这一时期是如何贯彻以"启以商政，疆以周索"为代表的系列制度革新策略的。

第一，"选建明德，以蕃屏周"的授民授疆土

这是巩固周王朝统治的屏蕃式的分封，是西周取代殷商四服制的授民授疆土策略，即最终定型的分封制。这其中又包括同姓封建和异姓封建。

同姓封建如《左传》昭公二十八年："昔武王克商，光有天下，其兄弟之国者十五人，姬姓之国者四十人，皆举亲也。"① 及《左传》僖公二十四年："昔周公吊二叔之不咸，故封建亲戚以蕃屏周。管、蔡、郕、霍、鲁、卫、毛、聃、郜、雍、曹、滕、毕、原、酆、郇，文之昭也；邘、晋、应、韩，武之穆也；凡、蒋、邢、茅、胙、祭，周公之胤也。"② 这两段话分别记载了周代二次规模较大的分封，一个是武王克商后的分封，另一次是周公的分封。这些都是对同姓子弟的分封，其目的是以宗法血缘的纽带巩固周灭商所获的土地与人民。

异姓封建以《国语·周语》的记载较详："昔挚、畴之国也由大

---

① 杨伯峻编著，《春秋左传注》，北京：中华书局，1981 年，第 1494—1495 页。
② 杨伯峻编著，《春秋左传注》，第 420—423 页。

任，杞、缯由大姒，齐、许、申、吕由大姜，陈由大姬，是皆能利亲亲者也。"①

如前所述，这种蕃屏周王朝的封建制度是有周一代区别于殷商以前的制度创建。这是周灭商之后主要推行的疆土经略制度。但是，在具体的推行过程中还面临着如何处理好殷商旧贵族及其遗民势力，以及三代圣王后裔及其利益的问题。新的制度一定要在顺应旧传统与旧习俗的同时不断增加影响，并且最后完全取代旧的制度。所以，在我们所熟知的分封制度形成的过程中周王朝曾经有针对地进行过"启以商政，疆以周索"、"启以夏政，疆以戎索"的制度转换策略，以及与此相适应的诸侯、诸监并行的过渡时期，直到周王朝的统治根深蒂固后，才全部推行单一的分封制。

第二，"启以商政，疆以周索"的授民授疆土

《逸周书·作雒解》载："武王克殷，乃立王子禄父，俾守商祀。"②《史记·殷本纪》："封纣子武庚禄父，以续殷祀，令修行盘庚之政。殷民大说。于是周武王为天子，其后世贬帝号，号为王。而封殷后为诸侯，属周。"③《逸周书·作雒解》与《史记·殷本纪》都明确说明武王封纣子武庚禄父为诸侯，以此继承殷代的统序，而且明言"令修行盘庚之政"。实际上，就是为了安抚以武庚禄父为代表的殷商贵族，并让其继续用殷代的盘庚之政管理好殷遗民，让这些贵族统领下的殷遗民在习惯性地接受旧有统治方式的同时，接受周代新创的土地人民的管理方法，即周王集中拥有天下的疆土与人民，根据不同的需要而进行授民授疆土。这实际上就是在所谓的"以殷治殷"策略下，逐渐推行新的周制。

第三，"启以夏政，疆以戎索"的授民授疆土

周初封唐叔于晋，晋为夏之故地，又地近戎狄，所以要顺应夏政

①徐元诰撰，王树民、沈长云点校，《国语集解》，北京：中华书局，2002年，第46—47页。

②黄怀信、张懋镕、田旭东，《逸周书汇校集释》（修订本），第510页。

③司马迁，《史记》，北京：中华书局，1959年，第109页。

传统，借鉴戎狄的治理疆土的方法，推行周政。这是安抚包括殷商在内的先代圣王旧地人民、笼络人心、巩固自己统治的手段。文献有对三代圣王之后分封的记载，即所谓的褒封，如《礼记·乐记》："武王克殷返商，未及下车而封黄帝之后于蓟，封帝尧之后于祝，封帝舜之后于陈；下车而封夏后氏之后于杞，投殷之后于宋"[1]，类似的记述也存在于《吕氏春秋·慎大》及《史记·周本纪》。当然，对这类分封的真实性，后世学者也多有质疑，本文意在探讨分封制的演变过程，暂不对此做进一步考证。

## 四、诸侯、诸监之消长与授民授疆土的制度化

西周授民授疆土政策采取了在因循旧制度的过程中逐渐彰显新制度的策略。与这一策略相伴随，在周王朝曾经长期存在诸侯、诸监并存的过渡时期。由于过渡时期结束后，周王朝普遍实行的分封制成为周代制度的标志，又由于周代史料的大量佚失，后世对周代分封制的认识就保持在其成熟阶段的印象，而对其面对复杂的历史变革而采取相应的策略，逐渐发展成熟的过程就很少有人能够知其详情了。所幸的是，由于大量青铜器铭文的发现，让我们重新还原历史原貌成为可能。西周晚期的《仲幾父簋铭》就为我们重新认知西周时期曾经诸侯诸监并存，提供了宝贵的资料，其内容如下：

中（仲）幾父事（使）幾事（使）于者（诸）厌（侯）、者（诸）监，用毕（厥）宾（傧）乍（作）丁宝殷（簋）。[2]

铭文明确提出"诸侯、诸监"的说法，说明这一时期存在着诸侯、诸监并存的现象。提到诸监，大家熟知的是周初为监制殷遗民所设的、后来曾经武装叛周而为周公所平定的三监。这里就不再讨论。我们要继续探讨的是，西周时期所设的监不仅仅限于所谓三监，正如上举

---

①孙希旦，《礼记集解》，北京：中华书局，1989年，第1025页。
②吴镇烽，《铭图》（第10册），第199页。

《仲幾父簋铭》所反映的那样，很有可能当时曾经存在着与诸侯并立的诸监。对这一问题，近年来学者给予了广泛重视并进行了深入讨论。赵伯雄先生认为："在周初尚未大规模实施分封制之时……有鉴于殷商外服制的破坏，周王朝实行了以诸侯监诸侯的监国制度。"① 赵先生这一观点较为准确地把握了周初设立诸监是适应商的外服制破坏而采取的一个过渡性措施，但是又认为实行的是"以诸侯监诸侯的监国制度"。这一看法可能是以周初三监的特点推导出来的。事实上，诸监很有可能与诸侯各自负有不同的责任，共同完成周天子所赋予的守卫与经营一定范围国土的任务。正如上文所说，诸监很有可能是负责"启以商政，疆以周索"或者是"启以夏政，疆以戎索"的授民授疆土策略的贯彻落实，从而保证周王朝按照预定目标完成制度转换。所以有学者认为："诸监实际上是为王室镇抚民众的官，与独擅一国的侯是有区别的。"② 这说明，诸监很有可能是担负镇抚处于制度转换时期的前代遗民的职责。

　　关于诸监的详细情况，由于史料的缺乏，尚不能得到较全面的认识。但是就现有的研究成果来看，诸监作为以授民授疆土为主要内容的分封制发展过程中的过渡性措施应该是比较可信的看法。因此，诸监的逐渐退出历史舞台可以看作授民授疆土走向制度化的一个标志，即分封制趋于成熟和定型。关于诸监制度的结束，徐中舒学认为：应监甗的器主"开始是派出来做监的，他也领有采邑，后来逐渐发展为诸侯，而诸监之名也不复为人所知了"③。《史记·卫康叔世家》载："顷侯厚赂周夷王，夷王命卫为侯"。唐司马贞《索隐》曰："比子康伯即称伯者，谓方伯之伯耳，非至子即降爵为伯也。故孔安国曰'孟，长也。五侯之长，谓方伯'。方伯，州牧也，故五代孙祖恒为方伯耳。至顷侯德衰，不监诸侯，乃从本爵而称侯，非是至子即削爵，及顷侯

①赵伯雄，《周代国家形态研究》，长沙：湖南教育出版社，1990年，第154页。
②晁福林，《先秦社会形态研究》，北京：北京师范大学出版社，2003年，第402页。
③徐中舒，《西周史论述》（上）

赂夷王而称侯也。"① 《史记》及《索隐》的这段记载说明，卫康叔及
其后代六世作为方伯可能即是周王朝的监，夷王时期监的地位下降，
侯的地位上升，所以卫顷侯厚赂周夷王，完成了身份的转换，由监转
为侯。

（原载《青铜器·金文与齐鲁文化学术研讨会
论文集》，2018 年 10 月，山东潍坊）

①司马迁，《史记》，北京：中华书局，1959 年，第 1591 页。

# 出土文献与儒家《易》的经典化新证

纵观学术史上关于儒家《易》的经典地位确立时间研究，在近代以前大致上持先秦确立说；由于始于宋代疑古惑经思潮的氤氲与扩散，中间又经过明代后期开始进入中国的西方文化催化，到近代以后，以疑古派为代表，对儒家《易》的经典化问题开始了全面质疑，形成了很大的影响。在这一近代思潮的影响下，以日本汉学为代表的海外汉学界同样对《易》的经典化问题进行了新的解释，其特点是往往将《易》经典化的时间下限向秦以后推移，与此相关，对孔子及儒家与《易》的关系也开始怀疑、否定。这一倾向愈演愈烈，在海外汉学、特别是日本学术界几乎已经成为定论。因此，本文通过传世文献与出土文献的分析比较，对历来关于《易》的经典化系列争论问题加以新的审视与疏解。

## 一、古代典籍对儒家《易》的经典化记述

我们考察儒家《易》的经典化最常用的方法，就是在古代典籍中寻找相关的记录，看看《易》是在什么时候被当作经典称引与叙说的。

就现有文献来看，较早将《易》与儒家其他经典并称的首先是《庄子》。例如《庄子·天运》说："孔子谓老聃曰：'丘治《诗》、《书》、《礼》、《乐》、《易》、《春秋》六经，自以为久矣，孰知其故

矣……'"；又如《庄子·天下》有言："《诗》以道志，《书》以道事，《礼》以道行，《乐》以道和，《易》以道阴阳，《春秋》以道名分"。在《庄子》一书中，先后有二篇比较完整地将《易》与儒家其他五经并称，这说明至少在庄子及其后学心目中，《易》作为儒家六经之一的地位已经非常稳定，甚至可以说是一种约定俗成的常识性观念。同时我们也可以从第二条史料中发现，当时人们对于《易》在儒家思想体系中的作用已经有了明确的定位，即"《易》以道阴阳"。这也是与《易》自身的特点相协调的认识。

　　同样，关于《易》作为儒家经典的角色定位，在《礼记·经解》中也有更进一步的理论认识："孔子曰：入其国，其教可知也。其为人也，温柔敦厚，《诗》教也；疏通知远，《书》教也；广博易良，《乐》教也；絜静精微，《易》教也；恭俭庄敬，《礼》教也；属辞比事，《春秋》教也。故《诗》之失愚，《书》之失诬，《乐》之失奢，《易》之失贼，《礼》之失烦，《春秋》之失乱。"这一段文字虽然是从儒家教化方法的角度进行论述的，但是我们从篇名中可以看出，作者是将这六种著作当作"经"来解释它们所承担的不同教化功能。我们通过这段文字还可以发现，在《礼记·经解》成书的时候，人们对于包括《易》在内的儒家经典的理论认识，相对于《庄子》一书而言，更加全面和系统。这主要体现在两方面：其一，从正的方面来看，《庄子·天下》的观点是"《易》以道阴阳"，这是对《易》之特点的最基本的正确把握；而在《礼记·经解》中，则进一步提出来"絜静精微，《易》教也"，这无疑比从阴阳这一宏观角度来把握要深入一层，已经涉及更加具体的"絜静精微"层面。因此，可以说是对《易》作为经典的更加精致的理论阐述。其二，从反的方面看，《礼记·经解》在论述了"絜静精微，《易》教也"这一正面特长之处后，接着又对其不足之处进行了分析，得出"《易》之失贼"的理论。这就使作为经典的《易》从正反两个方面形成了精致而全面的理论体系。

　　通过对《庄子》与《礼记》中有关《易》的称引与论述，我们就可以大致明白，至少在战国时期，当时的思想界已经将《易》同其他五经共同视为儒家经典而相提并论了。同时，对于其在儒家经典体系中的定位，也有了明确的理论认识，这说明当时的儒家学者在教学与实践中已经有非常明确的指导思想，把《易》与其他五经各取所长，共同完成修齐治平之儒家理想化教育。

到了汉代，《易》作为儒家经典，已经成为一个没有疑义的事实。这一点在众多汉代的主要文献中都有所体现。首先我们来看一下《史记》中的相关记载："孔子晚而喜《易》，序《彖》、《系》、《象》、《说卦》、《文言》。读《易》，韦编三绝。曰：'假我数年，若是，我于《易》则彬彬矣。'"①  这是对孔子重视《易》的历史记录。《汉书·艺文志》言："昔仲尼没而微言绝，七十子丧而大义乖，故《春秋》分为五，《诗》分为四，《易》有数家之传。战国纵横真伪分争，诸子之言纷然殽乱。"从这一记录来看，汉代不但认为《易》是儒家的经典之一，而且还补充记叙了儒家经典在孔子去世后的传播特点。至此，人们对《易》作为儒家经典的地位已经形成固定认识，特别是自汉代经学确立之后，更使这一认识得到官方与主流文化的承认。这一状况，一直持续到近代，才发生了变化。

## 二、近代疑古思潮对儒家《易》的经典化研究影响

《易》作为儒家五经之一的经典地位，在汉代得到了全面的确立②。这一地位在汉代以后一直得以延续。这也与儒家思想在汉代以后一直受到历代王朝的尊崇有一定的关系。与此同时，自宋代开始，由欧阳修作《易童子问》开始，人们对《易传》作者、起源问题产生了怀疑，进而又引发了人们对《易经》的质疑。与汉代以来人们对《易》作为儒家五经之一的尊崇这一主流观点相比较，对《易》质疑的思潮的影

---

①司马迁，《史记·孔子世家》，北京：中华书局，1982 年第 2 版，第 1937 页。
②先秦时期儒家的六经，到汉代时《乐》已经亡佚，因此自汉以后，人们就习惯称儒家有"五经"了。

响要小得多，但是却一直与之共同存在，时隐时现。

然而，到清末民初，随着西方文化强势涌入，在思想文化界引发了以反传统为激发点的疑古思潮。在这一思潮的影响下，发轫于宋代的疑《易》之风便骤然被放大，对传统《易》学观念造成了强烈冲击。这一冲击的代表观点，首先要算钱玄同对孔子赞《易》的全面否定。钱玄同在《重论经今古文学题》一文中论及《周易》时说："今人如钱穆、冯友兰、顾颉刚诸氏，对于《易传》都有非孔子所作之说，而以李镜池氏的《易传探源》最为详审精密。至《论语》之'加我数年，五十以学易，可以无大过矣'一语，其中'易'字明明是古文家所改，《经典释文》：'鲁读易为亦，今从古'，是其铁证。"① 我们在众多质疑《易》的观点中选取钱玄同作为代表，是因为他的观点最为极端。从引文中我们发现他先是通过对众人否定《易传》为孔子所作的列举，代表了他自己对孔子作《易传》所持的与他所列举者相同的否定观点，这是其一；其二，我们通过这段引文还可以发现他通过《经典释文》的相关注释，实际上否定了孔子与《易》的关系。这两方面综合起来，钱玄同实际上否定了《易》是经过孔子编选而成为儒家经典之一的这一汉代以来几乎成为常识性的观点。以钱玄同为代表的宋代以来的疑古惑经思潮对《易经》的传统观念所产生的影响是重大而深远的。直到 20 世纪 80 年代末，有学者还提出"先秦无《易经》，《易经》成于西汉昭、宣间"的观点②。随着疑古思潮影响的扩大，我们认为海外汉学研究人员对中国典籍的全面、大胆怀疑的思潮，可能也是受到中国本土学者这类观点的影响，至少是互动。在这样一个疑古学术思潮氛围下，海外学者同样对《易》作为儒家经典的诸问题提出了许多带有疑古色彩的观点。池田知久的观点就是一个代表："直到战国末的古本《易》，只是由卦画、卦名、卦辞、爻辞构成的简单的

---

① 顾颉刚编著，《古史辨》（第五册），海口：海南出版社，2005 年 5 月，第 40 页。
② 陈玉森、陈宪猷，《先秦无〈易经〉论》，载《中山大学学报》（哲社版），1986 年第 1 期。

《六十四卦》，它与以后的《易经》（特别是《易传》）不同，尚不包含高度的形而上学等的哲学、阴阳五行的自然哲学、道德思想、政治思想等……在西汉初期，《周易》已被认为是孔子读过且作了注释的儒教正统的文本，是儒教信奉者必须学习的经典。"①

当然，在日本学者中也有着对疑古模式的《易》学研究进行反思的一派，这一方面的代表是浅野裕一。他正是从反思的角度对日本学界近一个世纪以来的带有浓厚的疑古色彩的《易》学研究进行了富有启发性的总结："日本也同样站在疑古派方法的基础上对《易》的形成与经典化提出新的说法……关于《易》成为儒家经典之时期的代表说法，虽然各家有些微出入，但多半倾向于秦始皇焚书到汉初之间，而这就成为日本学界的一般说法。"②浅野裕一的这一总结，是对日本学者中以津田左右吉、平冈武夫、武内义雄和金谷治为代表的，研究中国先秦思想史卓有成就和影响力的学者的观点较为全面的把握，并在此基础上归纳出了近代以来日本学术界对《易》成为儒家经典之时期的总体看法是：多半倾向于秦始皇焚书到汉初之间。浅野裕一在归纳出日本学术界这个通行的看法后，也提出了自己的解决方法，那就是利用新出土文献，从孔子圣人化的角度，把儒家对《易》的经典化历程同孔子圣人化结合起来考察，作出新的探索，最后得出了"孔子与六经的深厚关系是一种伪造结果……最迟至战国时期已经形成。对于《易》的经典化，应该从作为这种运动之一环的角度来重做探讨"③的结论。我们认为，浅野裕一利用新材料推动当前先秦思想研究的方法是具有前沿性意义的，因此是值得肯定的。但是，他将《易》的经典化与所谓"孔子圣人化运动"结合起来，认为"孔子与六经的深厚关系是一种伪造结果"则是一种缺乏深度论证的结论，有待于进一步的研究。

---

① 池田知久，《〈周易〉研究的课题与方法》，载卜宪群、杨振红主编，《简帛研究》（二○○六），桂林：广西师范大学出版社，2008 年 11 月。
② 浅野裕一，《儒家对〈易〉的经典化》，载《周易研究》，2009 年第 2 期。
③ 浅野裕一，《儒家对〈易〉的经典化》。

综上所述，《易》作为儒家经典，在汉代基本上成为一个公认的事实。但是，其经典化的规律与完成的过程则由于历史悠久而逐渐模糊，进而在千年以后的中古时期，人们就开始对其最初的经典地位产生了怀疑。这一怀疑到了近代疑古思潮盛行时，更是达到了新的高度，并形成了广泛的影响，甚至对海外汉学的主流观点也产生了潜移默化的影响。所以，我们今天要准确把握儒家《易》学思想，就要祛除与清理历史迷雾给我们造成的遮蔽与影响，重新整理《易》的经典化历程，把握其演进规律，从而才能准确地掌握其思想精髓。

## 三、出土文献与儒家《易》的经典化研究新证

对学术史上关于儒家《易》的经典化问题的纷争进行初步总结，强以得出一个规律：时代愈后，怀疑与否定的气氛愈浓厚。从对《易》作为儒家经典的确立时间的怀疑开始，逐渐发展到三种最为重要的否定性观点，其一就是否定孔子与《易》的关系；其二就是否定孔子作过所谓"十翼"的《易传》；其三就是对《易》成为儒家经典的时间向后推延到汉代。对于上述问题，由于近年来大量《易》类出土文献的涌现，为我们重新思考与解答提供了丰富的新材料。

（一）出土文献对孔子学《易》问题的新解答

否定孔子与《易》的关系又表现为否定孔子曾经"赞《易》"和否定孔子学《易》。否定孔子"赞《易》"的理论根据是《论语》全书只有三条关于《易》的记录，且都和"赞《易》"无关；否定孔子学《易》则是对唯一记录孔子可能学《易》的《论语》记载的"加我数年，五十以学《易》，可以无大过矣"提出质疑，质疑的根据是所谓的"《鲁论》说"，即根据《鲁论》，此段话应为："加我数年，五十以学，亦可以无大过矣。"

关于孔子学《易》的问题，我们首先要面对的一个关键问题就是对《论语》记载的"加我数年，五十以学《易》，可以无大过矣"中"易"与"亦"的异文的处理问题。李学勤先生从考古文献与传世文献

的角度进行了全面论证，最后得出结论："《论语·述而篇》'加我数年，五十以学《易》'等语是孔子同《周易》一书直接有关的明证。"① 对于这一结论，马王堆帛书《周易》不但有明确的记载，而且还有孔子回答弟子关于学《易》目的记录。马王堆帛书《周易》的《要》篇有云："夫子老而好《易》，居则在席，行则在囊。子赣（贡）曰：'夫子它日教此弟子曰：德行亡者，神灵之趋，智谋远者，卜筮之蔡（繁）。赐以此为然矣，以此言取之，赐缗行之为也，夫子何以老而好之乎？'夫子曰：'君子言以方也。前羊（祥）而至者，弗羊（祥）而考也。察其要者，不诡其德。尚书多遏矣，周易未失也。且有古之遗言有焉，予非安其用也'。"②

首先，这条材料明确地说明孔子老年不但学过《易》，而且"好《易》"，用今天的话来说就是好《易》达到了手不释卷即所谓"居则在席，行则在囊"的程度，大意就是坐下来放在手边，走路的时候带在身上。

其次，通过这条材料我们也可以看到孔子的得意门生子贡对孔子老年好《易》的目的进行了问难。这是因为孔子在教育学生的时候对卜筮之类的神灵、方术一类的东西是持反对态度，最起码也是敬而远之的，这在《论语》中是可以找到理论依据的，所谓"子不语怪力乱神"（《论语·述而》）；"务民之义，敬鬼神而远之，可谓知矣"（《论语·雍也》；"夫子之言性与天道，不可得而闻也已矣"（《论语·公冶长》）对于这一质疑，孔子的回答实际上表明了他对《周易》的两个基本态度：其一，"察其要者，不诡其德"。这说明孔子学《易》是要掌握其精要之处，就是不要埋没了其中所蕴含的德义；其二，"且有古之遗言有焉，予非安其用也"。这说明孔子认为《易》中保存了大量的古代遗言，这正符合孔子述而不作的原则，孔子并不是要学习《易》的卜筮之用途。

---

① 李学勤，《周易溯源》，成都：巴蜀书社，2006年1月，第82页。
② 李学勤，《周易溯源》，第82页。

在同一篇中，通过回答子贡的进一步提问，孔子对重视学习《易》之德义，而轻其卜筮进行了详细解说："子贡夫子亦信其筮乎……《易》我覆其祝卜，我观其德义耳。幽赞而达乎数，明数而达乎德，又（？）仁□者而义行之耳。赞而不达于数，则其为之巫；数而不达于德，则其为之史。史巫之筮，向之而未也，好之而非也。后世之士疑丘者，或以《易》乎，吾求其德而已，吾与史巫同途而殊归者也。君子德行焉求福，故祭祀而寡也。仁义焉求吉，故卜筮而希也。祝巫卜筮其后乎。"[①] 孔子在这里回答子贡进一步的质疑，因此他也做了进一步的解释。概括地说，孔子将当时人们对于《易》在生活的应用中分为三类，第一类是"赞而不达于数，则其为之巫"。就是明白《易》的占卜实用，却不明白《易》所包含的规律，则是祝巫之《易》；第二类是"数而不达于德，则其为之史"，就是能够明白一些《易》所蕴含的规律，却不能明白《易》所蕴含的成德之义，则是史官之《易》。第三类则是孔子在总结了前二种《易》的不足之处的基础上，进行了超越，即"《易》我覆其祝卜，我观其德义耳"。这说明孔子在这里将学习《易》的目标进行了理论提升，儒家学习《易》不是为了占卜，而是将《易》中所蕴含的德义，作为学习与汲取的重点。这样我们就会明白《论语·子路》中的"子曰：'南人有言曰：人而无恒，不可以作巫医，善夫。''不恒其德，或承之羞。'子曰：'不占而已矣'"这段话所代表的正是孔子对《易》的基本观点，不是用来占卜，而是把握其德义的。这样就将《易》纳入了儒家思想的经典体系中，成为德义之《易》。因此可以说，孔子开启了把《易》作为儒家经典的进程。

（二）出土文献对孔子作《易传》问题的新启示

否定孔子作《易传》可以追溯到宋代。周予同先生对这一问题做了较好的总结："说《系辞》以下六种不是孔子作的，始于宋欧阳修……说'十翼'全不是孔子作的，始于崔述……说《史记》'序、

---

① 陈松长、廖名春，《帛书〈二三子问〉、〈易之义〉、〈要〉释文》，载陈鼓应主编，《道家文化研究》（第三辑），第 435 页。

彖、系、象、说卦、文言'八字不是原文，而是经古文学家故意增窜，始于康有为及崔适。……到了现在，'十翼'不是孔子所作，已成为中外学人的定论了。"①

对于《易传》晚出问题，我们首先可以从传统文献的检索中寻找一些线索。李学勤认为："很多先秦到汉初的古书，都曾引用《易传》，有的明引，有的暗引，足供查考。例如《礼记》中子思所作的《坊记》、《中庸》、《表记》、《缁衣》等篇，体裁文气很像《文言》、《系辞》，引《易》的地方也很多。有的语句，可以看出是引《文言》的。又如《礼记》中公孙尼子所作的《乐记》，更直接袭用了《系辞》。子思和公孙尼子都不得在'七十子之弟子'一辈，他们引用《易传》，可见《易传》不会晚于七十子时期。"② 其次，如果我们再从出土文献方面加以考察。比如，在马王堆帛书《周易》发现后，康有为及崔适的主要立论根据马上就失去了说服力。因为他们的主要根据是这样的观念："因为除了传世本《周易》中存在着《易传》之外，在其他典籍记载中，以及在诸如汲冢发现的其他版本的《周易》中，都没有发现相同的《易传》，所以《易传》是后来成书的。"现在由于在马王堆帛书《周易》中发现了六篇《易传》性质的著作：《二三子问》、《系辞》、《衷》、《要》、《昭力》、《缪和》。其中，《系辞》、《衷》二篇都与传世本的《系辞》有不同程度的内容相同；而《二三子问》、《要》、《昭力》、《缪和》四篇主要是记载众人向孔子或"子"问《易》的内容③。这就说明，此前持"《易传》晚出说"的基本理论根据已经完全错误。此外，马王堆帛书中类似《易传》的文献的发现还至少可以说明二层意思：第一层意思是除了传世本的《周易》有《易传》之外，

---

①朱维铮编校，《周予同经学史论》，上海：上海人民出版社，2010 年 2 月，第 239—240 页。
②李学勤，《古文献论丛》，北京：中国人民大学出版社，2010 年 1 月，第 4 页。
③《昭力》、《缪和》二篇所记载的昭力、缪和等人问《易》的对象被称为"子"，而在《二三子问》与《要》中，众人问《易》的对象被称为"孔子"。李学勤认为，《昭力》、《缪和》中的"子""有时又被称为'先生'，从人名和事迹来看，这里的'子'不是孔子，就是传《易》的经师。"参见：李学勤，《文物中的古文明》，北京：商务印书馆，2008 年 10 月，第 393 页。

别的版本的《周易》也带有《易传》。虽然二种《周易》所包含的《易传》不完全相同，但是二者还是存在一定程度上的相同的内容，而且二者在解《易》的观点与方法上基本上同属于儒家的基本立场。第二层意思是这六篇《易传》类的作品尽管其中有《昭力》、《缪和》二篇没有把孔子作为问《易》的对象，但有四篇直问孔子。这说明《易传》的大部分内容是对孔子易学观点的记录。我们还可以认为尽管《昭力》、《缪和》二篇没有把孔子作为问《易》的对象，从此处的"子"所持的易学观点同其他四篇同属一类来看，也是属于儒家学者，因此肯定也是对孔子易学思想的继承与发展。

所以，我们认为孔子即使没有亲自作《易传》，正如马王堆帛书《周易》中有六篇《易传》所体现出的孔子问答记录式的《易传》类作品那样，现存《易传》的蓝本也可能是对述而不作的孔子易学讲述的记录，又经过后世的不断完善与加工而形成的。因此，完全否定孔子与《易传》的关系是站不住脚的。

（三）出土文献对《易》作为儒家经典确立时间问题的辩证

关于儒家《易》的经典化的另一个古今分歧较大的问题是对于《易》成为儒家经典的时间的确定问题。近年来，对于这一问题，出现了将《易》成为儒家经典的时间向后推延的倾向。这一点如前所述，以海外中国思想研究重镇的日本学术界的普遍观点作为代表。其实，这一观念也正代表了近代以来中国本土的学术界的普遍观念。因此，这一说法几乎要成为一个定论。然而，随着近代以来疑古思潮的降温，面对这一典型的说法，人们也开始进行反思。这时，大量出土文献的发现就为我们重新评价这一问题提供了新的材料。我们认为至少三个重要的简帛本《周易》以及郭店竹简中的相关内容，为解答这一问题提供了多种证据。

最早对这一问题提出有力驳证的是顾颉刚。他在 1929 年写作的《周易卦爻辞中的故事》，根据王国维在奠定其著名的"二重证据法"的代表性成果《殷卜辞所见先公先王考》的古史考辨成果，对《周易》经文中的王亥丧牛于易、高宗伐鬼方、帝乙归妹、箕子明夷、康侯用锡马蕃庶等故事进行了考证，最后得出的结论是：《周易》卦爻辞的著作时代当在西周的初叶，作者无考，产生地点在西周的都邑中①。对于顾氏的这一论点，当然也有不同的声音。然而，李学勤先生却认为这是一个经得起考验的观点，并根据顾文发表后 60 多年的考古发现，在初版于 1992 年的《周易经传溯源》一书中，对顾氏的观点进行了大量的补证②。

接下来，让我们来看郭店竹简中的相关内容所能提供的新材料。在郭店楚墓竹简《六德》中有"观诸《诗》、《书》，则亦在矣，观诸《礼》、《乐》则亦在矣，观诸《易》、《春秋》则亦在矣"的记载③。浅野裕一据此认为；"从这一点看来，可以得知在《六德》写成的战国前期（西元前 403—343 年）时，儒家已经将六经视作经典了"④。另外，在郭店楚墓竹简《语丛一》中也可有"《易》所以会天道人道也，《诗》所以会古今之志也者，《春秋》所以会古今之事也"⑤ 的论述。"这种论述表示，最迟至《语丛一》写成的战国前期，儒家已经将《易》《诗》《春秋》视为自身的经典。"⑥ 因此，通过郭店楚墓竹简中的这两部分历史记载的分析，我们认为其下葬的战国时代，《易》被当作经典称引已经成为一个学术常识。

上海博物馆藏战国楚竹书《周易》的时间与郭店楚墓竹简的时期大致相同，因而也进一步说明在战国时代《易》就已经成为较固定的经典文本了。安徽阜阳汉简《周易》墓主人是西汉汝阴侯夏侯灶，根据《史记》、《汉书》等传世文献记载，其卒年为汉文帝前元十五年（公元前 165 年），与出土大量帛书的长沙马王堆 3 号墓的下葬年仅差三年。这两种汉代简帛《周易》的埋藏年代都在汉代初期，而这时的

①顾颉刚，《周易卦爻辞中的故事》，载顾颉刚编著，《古史辨》（第三册），第1—25页。
②见李学勤，《〈周易〉卦爻辞年代补证》，载李学勤著，《周易溯源》，第1—18页。
③荆门市博物馆，《郭店楚墓竹简》，北京：文物出版社，1998年5月，第188页。
④浅野裕一，《儒家对〈易〉的经典化》。
⑤荆门市博物馆，《郭店楚墓竹简》，第194—195页。
⑥浅野裕一，《儒家对〈易〉的经典化》。

《周易》已经非常完整，可见其成书至少在秦以前。

综上所述，根据甲骨、金文等新材料对《周易》卦爻辞成书的新证，以及上海博物馆藏战国楚竹书《周易》、郭店楚墓竹简中相关篇章以及安徽阜阳汉简《周易》、长沙马王堆帛书《周易》等的埋藏时代，同时也通过对这些出土《周易》文本的结构与内容的完整与成熟情况的研究，以及它们在文献中被称引时的习惯称谓，《周易》的经典化应该在先秦时期就已经基本完成，《周易》经典化晚成于汉代说很难成立了。

（原载《首都师范大学哲学学位论文选》，
首都师范大学出版社，2012 年）

# 荀子与儒家《易》的经典化

　　荀子是在孔子之后，对儒家《易》的经典化做出最重要贡献的学者。正如顾颉刚先生所发现的那样："此书（《易》）初不为儒家及他家所注意，故战国时人的书中不见称引。到战国末年，才见于荀子书，比了《春秋》的初见于《孟子》书还要后。"[①] 顾氏认为战国时代的诸子都没有将《易》与《诗》、《书》、《礼》、《乐》同样当作经典引用，只有从荀子开始，才继《诗》、《书》、《礼》、《乐》之后，纳《易》入儒家经典体系中。这就说明在儒家《易》的经典化进程中，荀子是继孔子之后最为关键的人物。荀子纳《易》入儒家经典体系的重要意义是初步完成了儒家经典体系的早期建构。这一点主要体现在荀子继孟子揭橥孔子作《春秋》的微言大义后，在《荀子》书中明确地把《春秋》与《易》加入《诗》、《书》、《礼》、《乐》的组合中，并不断加以引用，确认了二者的经典地位，同时也完善了儒家经典的体系，形成了儒家六经体系的雏形。关于荀子与儒家《春秋》经典化的关系，此前曾有专文加以探索[②]，本文则在二重证据的视野下，在重新梳理孔

————————

①顾颉刚，《周易卦爻辞中的故事》，载顾颉刚编著，《古史辨》（第三册），海口：海南出版社，2005 年，第 25 页。

②在孔子之后的儒家著作中，《春秋》虽最早见于《孟子》一书，但孟子只是从论述孔子的春秋大义的角度加以提及，从其引用频率及论说角度盾，并没有明确的经典（转下页）

子易学发展脉络的基础上，继续探讨荀子是如何全面继承正统的孔子《易学》精髓，进一步促进了儒家《易》的经典化进程及其学术思想史意义所在①。

## 一、二重证据视野下儒家《易》的经典化演变

孔子纳《易》入儒家"六艺"的体系中，《易》开始走上儒家经典之路，此后，经过孔子后学的不断继承、发展与完善，特别是到荀子时期，由于荀子对孔子易学思想的准确把握，并由于自己的学术影响，在讲学与著述中极大地推进了儒家对《易》的经典化进程，为《易》最终定格为儒家经典作出了重要的贡献。

（一）孔子赞《易》与《易》的哲学化转向

关于孔子赞《易》的说法在宋代以前，由于经学始终处于中国传统学术的中心地位，一直没有太大的问题；到了宋代，由于疑古惑经思潮的出现，学术界一度也产生质疑的声音，但是这种质疑始终没有产生太大的影响；到了近代，随着疑古思潮的兴起，对孔子赞《易》的怀疑则开始形成了较大的思潮。对于这一问题，近年来学术界利用新出土文献，经过广泛讨论，基本上重新证明孔子赞《易》说是可信的②。在此基础上，我们进一步认为孔子赞《易》的重要成果是使儒家《易》学实现了从卜筮之易向义理之易的过渡，完成了《易》的哲学化转向，其标志性成果就是《易传》的初步形成。

据新出土的马王堆帛书《要》的记载，孔子在总结传统的祝巫之

---

（接上页）化意识。与孟子形成鲜明对比的是，《荀子》一书则主动将《春秋》当作经典称引，且不断将其与《诗》《书》《礼》《乐》《易》加以组合，这些都明显增加了《春秋》的经典属性。关于荀子对儒家《春秋》经典化的贡献请参照拙文，《荀子与儒家〈春秋〉经典化》，载《光明日报》（国学版），2012 年 1 月 30 日。

①孟子不言《易》，所以荀子就成为孔子之后最为重要的促进儒家《易》的经典化的学者。

②参见拙文，《出土文献与儒家〈易〉的经典化新证》，载《首都师范大学哲学学位论文选》，北京：首都师范大学社，2012 年。

《易》和史官之《易》的基础上，提出了德义之《易》的新《易》学观念。而且，在这三种《易》学思想中，孔子认为首要的是德义之《易》①。所以自孔子开始，儒家学者开启了对《易》中所蕴藏的思想精义的揭示过程，这一过程也就是将《易》从传统的注重现实应用的术数《易》，转向哲学性质的义理之《易》的发展道路。对于这一点，李学勤有这样的论述："德义两个词完全是易学的两个词，所以孔子是易学的真正开创者，是孔子真正把数术的易和义理的易（或者叫哲学的易）完全区别开来，于是才有我们所说的真正的易学，所以我们说孔子对易学最大的贡献就是区别这两者，而正因为区别了这两者，使《周易》的哲学成分进一步地纯化，使易学进一步地影响了我们的思维方式。"② 对于这一点，高怀民先生也从孔子思想由于对《易》的精义的吸收而贯穿天道与人道的角度进行了论说："孔子的学说得易学而更发皇，《论语》中孔子尝言：'五十以学易，可以无大过矣。'又言：'五十而知天命。'忖度孔子的语气，并非五十始学易，而是早已学易，但到五十岁时，对人生有大领悟，乃有'无大过'之言，'知天命'可以想见其与对易学的大领悟有关。五十之年是孔子为中都宰为大司寇之前不久，此时他已经以'仁'为中心，建立起他的人道思想体系，只是这个体系是以'推及'为方法的、平面的开展，由于对易学有新领悟及知天命的关系，他的思想乃变作纵的开展，贯通天人，为他的人道思想找到了天道上的依据。他也由此决定了晚年'赞易'的工作，将断事决疑的筮术，一变而为哲学理论，集伏羲、文王以来易学发展之大成；为易学建立起一个庞大而完整的天人思想体系，从而把易学纳入儒门以教学。自此，易学又换了一副新面貌。从孔子赞易以后，《周易》由筮术之书变为哲理之书。"③ 我们说，这一哲学转向的结果，就是加快了《易》成为儒家经典的步伐。这种转向的成果，就是由孔

①参见拙文，《出土文献与儒家〈易〉的经典化新证》。
②李学勤，《文物中的古文明》，北京：商务印书馆，2008年，第418页。
③高怀民，《先秦易学史》，桂林：广西师范大学出版社，2007年，第31页。

子开始逐渐形成的所谓"十翼"的《易传》。

（二）孔门序《易》与作为经典化标志的《易传》的形成

宋代以来形成的怀疑孔子作《易传》的思潮，同样到近代达到高潮。对于这一问题，我们同样也在《出土文献与儒家〈易〉的经典化新证》一文中，根据考古学成果做了初步的驳证①，这里我们再从学术史演变内在规律的角度，对这一问题做一新的解答。我们的基本观点是《易传》是由孔子及其后学在授受传承儒家思想的进程中逐渐完成的，但其宗旨皆为孔子所创立。就此分述如下：

自宋代欧阳修以来，人们对孔子作《易传》的怀疑主要是从文字的时代特点出发进行质疑。我们认为，《易传》的主要宗旨源自孔子是没有问题的，我们可以从以马王堆帛书为代表的出土文献中较为清楚地得出结论，但是《易传》的产生极有可能是在孔门《易》授受的过程中，孔子有选择地讲授，弟子记录整理以便于记忆的形式共同完成的。这一过程不可能一蹴而就，有可能要跨越很长的时间段，所以用文字时代特征作为判断标准是靠不住的。所以高怀民认为："欧阳修所提出的是指十翼之文字，至于十翼之思想则无疑均发于孔子。古人论学，特别重视思想义理，尤以首先提出孔子作十翼的《易纬》，原非计较文字之书；史称孔子"赞易"，也主要指发挥光大易学之思想义理，非定指手著十翼之文。孔子五十知天命后，五十一岁为中都宰，接着为司空，为大司寇，与闻国政，紧接着又是十四年的周游流浪的生活，到他周游反鲁时，已六十八岁。此时，口授讲解，由弟子记录成文字，为意想中事；儒门后学，本孔子赞易之思想义理，著为文字，从思想上讲，不当言归于孔子为不当。……一个学术思想之形成，前有其渐形成之势，后有其感后来之力，而归名于中峰之巅，为古今一般现象。是以古人言孔子作十翼，就文字而论为非是，就思想而论则未为不可。"② 或者进一步说，孔子与孔门弟子对《易》的创作分为两个阶

---

① 参见拙文，《出土文献与儒家〈易〉的经典化新证》。
② 高怀民，《先秦易学史》，第156页。

段，即口头传授与文本写定的阶段。这也比较符合有学者对先秦古书成书规律的总结："春秋末，礼崩乐坏，王纲失坠，私学兴起。而私学始传之人往往又在原先的诸侯国有专门的职守，《汉书·艺文志·诸子略》所谓儒家出于司徒之官，道家出于史官，阴阳家出于羲和之官等，虽不必尽符实际，但诸子之学出于王官，现在已经基本成为定论。以诸子学为特色的私学，保留了口头传诵的授受习惯，一门之内，往往学传数代之后才开始写定自己的代表著作。因此，占先秦古籍百分之九十的私学著作，真正形成比较固定的文本，要到战国中期以后。但题名作者却往往还是始传之人，这并非完全是出于尊师的考虑，因为始传者勾勒了学说的轮廓，奠定了基本的雏形，其在成书中的作用是任何一个后学所无法比肩的。"① 马王堆帛书《周易》文本中，六篇类似《易传》性质的作品中，有四篇比较明确地记载是问《易》于孔子，而另外两篇《缪和》、《昭力》则往往记录着问《易》于"子"或"先生"，则有可能指的是孔子的学生或门人。这也充分地说明了这一道理。

综上所述，孔子赞《易》而纳《易》入儒家六艺之教学体系中，由孔子的讲授与阐发《易》之哲理，在完成了由"卜筮之《易》"向"哲学之《易》"的转向的同时，也开启了《易》作为儒家经典的大门。此后，孔子及其弟子与后学不断地将孔子讲述《易》理的过程中阐发出的《易》之思想进行整理记录，形成了一系列的《易传》。这一思路不再像传统研究《周易》经典化那样，将《易经》与《易传》分开论述，而是将二者看作是《易》之经典化的同一过程中不断提升的二个阶段。《易传》是《易》经典化的标志性成果和记录。

## 二、荀子与儒家《易》的经典化

在孔子之后，荀子是唯一的接着孔子的思路，来研究与应用《易》的儒家学者。这一点是郭沫若首先发现的："荀子本来是在秦以前论到

①沈玉成、刘宁，《春秋左传学史稿》，江苏古籍出版社，1992年，第394页。

《周易》的唯一的一个儒者。"① 如果把《荀子》一书中多处引《易》、说《易》与"孟子不言《易》"相比较，就更加凸显出荀子对儒家《易》学的独特贡献。荀子正是通过儒家式的应用与阐发，对《易》的经典化作出了重要的推动，下边就从分析荀子如何应用与阐发《易》理以著书立说，来探索荀子对《易》的经典化贡献。

（一）荀子引《易》与《易》的经典地位的确认

西方学者认为引用有三种主要作用：一是诉诸权威；二是显示博学；三是修饰。这三种不同作用基本上都带有维持文化连续性的功能②。因此，如果某位学者不断引用某一种或某几种著作，本身就隐含着将所引著作当作权威论据的意义，同时也会通过引用赋予了所引作品的新价值。在儒家思想的历史发展中，对这些六艺文本的引用、对其蕴含的所谓"微言大义"的发挥以及有感而发的一些议论，直到结合不同语境而促使这些作品在引用说理过程中随文生义，生成新的时代意义，就逐渐形成了以这些六艺之学为根据的经学。在这一过程中，经典在延续传统的同时，也实现了发展与更新。

正如学者们普遍发现的那样，孟子不言《易》，荀子开始不断地引《易》说《易》。正是荀子的引《易》说《易》的行为，事实上加强了《易》作为经典的属性。这就实际上推进了《易》的经典化进程。因此，我们进一步分析荀子是如何引《易》说理，可以更加清晰的发现荀子对《易》之经典化的贡献。

其一，引《易》反证其说

《荀子·非相》有言："故君子之于言也，志好之，行安之，乐言之。故君子必辨。凡人莫不好言其所善，而君子为甚。故赠人以言，重于金石珠玉；劝人以言，美于黼黻文章；听人以言，乐于钟鼓琴瑟。故君子之于言无厌。鄙夫反是，好其实，不恤其文，是以终身不免埤

---

①郭沫若，《〈周易〉之制作时代》，参见：张涛主编，《儒家经典研究》（傅永聚、韩钟文主编，《二十世纪儒学研究大系》第 3 卷），北京：中华书局，2003 年。

②参见吴万钟，《从诗到经——论毛诗解释的渊源及其特色》，北京：中华书局，2001 年，第 18 页注引 Stefan Morawski, *The Basic Functions of Quaotation*, P690—696。

污庸俗。故《易》曰：'括囊，无咎无誉。'腐儒之谓也。"

这段话引用的"《易》曰：'括囊，无咎无誉'"是《坤》卦六四爻辞。其爻义为："像扎紧口袋那样（闭上嘴），就会没有过错，也没有称誉。"荀子在此处是在论述君子要善于言辞，在不同的场合要勇于恰当表达自己的观点，而不要像小人那样，对任何事情都为了明哲保身，而不发表意见。荀子认为这样的人终身都是一个埤污庸俗者。这实际上也就是孔子所强烈谴责的所谓"乡愿"。荀子这里引《易》是作为反证，认为"括囊，无咎无誉"者是腐弱无能之儒。

其二，引《易》实现理论升华

《荀子·大略》："礼者，本末相顺，终始相应。礼者，以财物为用，以贵贱为文，以多少为异。下臣事君以货，中臣事君以身，上臣事君以人。《易》曰：'复自道，何其咎？'《春秋》贤穆公，以为能变也。"

这段话引用的"复自道，何其咎"是《小蓄》卦初九爻辞，其爻义为"回到（正）道上，会有什么错么？"这段话是在阐述如何恰当地应用"礼"，主要目的是表明在实行礼的过程中要善于灵活变通。荀子在表明观点之后引用了《小蓄》卦初九爻辞，以及"《春秋》称赞秦穆公"的典故来加强说理性，使所论述之观点得到了理论升华。

其三，化用《易》道精髓论证说理

《荀子·赋》："有物于此，居则周静致下，动则綦高以钜。圆者中规，方者中矩。大参天地，德厚尧禹；精微乎毫毛，而充盈乎大宇。忽兮其极之远也，攭兮其相逐而反也，卬卬兮天下之咸塞也。"

马积高认为："'咸塞'二字，前人均不得其解，实指《易》之二卦。《咸》卦下艮象山，上兑象泽（据《说卦传》），故《象传》曰：'山上有泽，咸'；《塞》卦下艮上坎，坎象水，故《象传》曰'山上有水，塞'……水、泽与云雨为同性质之物，说《易》象者亦互用（如《屯》卦上震上坎，《象传》解为'云雷，屯'，就是以坎为云象），所以荀子用这两卦来形容云驻高山的壮观。"① 荀子在这里已经把

①马积高，《荀学源流》，上海古籍出版社，2000年，第162页。

不同的《易》卦所蕴含的易理综合起来，应用其思想精髓来抒发自己的思想情怀。可见，荀子在文学创作中都可以信手拈来《易》理精髓，足以说明他对《易》的精熟，以及《易》的经典性。

在文学创作之外，荀子更善于化用《易》理精髓立论说理，略举二例如下：

> 施薪若一，火就燥也；平地若一，水就湿也。草木畴生，禽兽群焉，物各从其类也。（《荀子·劝学》）

> 均薪施火，火就燥；平地注水，水流湿。夫类之相从也，如此之著也。（《荀子·大略》）

廖名春认为这两段话是来源于《周易》的《乾·文言》"同声相应，同气相求；水流湿，火就燥，云从龙，风从虎；圣人作而万物睹；本乎天者亲上，本乎地者亲下，则各从其类也"①。

综上所述，我们发现荀子采用多种方式引《易》、用《易》，表达自己的观点。在这些不同形式的利用《易》来立说的过程中，基本上都是把《易》及其所蕴含的易道当作权威的论据，来加强自己观点的权威性。这样，荀子实际上已经不断地把《易》当作经典来使用，因此也就事实上确认了《易》的儒家经典的地位。

（二）荀子论《易》与《易》作为经典之理论属性的强化

《荀子》中直接论《易》的文字，仅有一处："不足于行者，说过；不足于信者，诚言。故《春秋》善胥命，而《诗》非屡盟，其心一也。善为《诗》者不说，善为《易》者不占，善为《礼》者不相，其心同也。"（《荀子·大略》）这说明，荀子对《易》的基本看法，也就是他用《易》的原则，是理性的，而不是像传统中将《易》当作神秘的沟通天人的卜筮之书来使用。

如上所述，由卜筮之《易》到义理之《易》（或曰哲理之《易》）的易学观念转变是由孔子完成的。《论语·子路》篇所载："子曰：南人有言曰：'人而无恒，不可以作巫医。'善夫！'不恒其德，或承之

---

① 廖名春，《〈周易〉经传十五讲》，北京大学出版社，2004年，第213页。

羞.' 子曰: '不占而已矣'", 就是对孔子这一成就的记录, 其贡献就体现在"不占而已矣"上, 说明孔子不取《易》之占卜功能。荀子的"善易者不占", 是对孔子"不占而已矣"的《易》学成就的继承与推广。孔子的"不占而已矣"的进步意义是取《易》哲理之功能。这一点又可以从《礼记·经解》的相关记载中有所了解: "孔子曰: 入其国, 其教可知也。其为人也, 温柔敦厚, 《诗》教也; 疏通知远, 《书》教也; 广博易良, 《乐》教也; 絜静精微, 《易》教也; 恭俭庄敬, 《礼》教也; 属辞比事, 《春秋》教也。故《诗》之失愚, 《书》之失诬, 《乐》之失奢, 《易》之失贼, 《礼》之失烦, 《春秋》之失乱。" 在这里, 孔子对《易》的优点与不足都做了理论分析, 同时对《易》之外的其他五经也同样做了一分为二的分析。荀子在继承孔子易学成就的同时, 对其他经典的观点也继承了孔子的成果。所以才有"故春秋善胥命, 而诗非屡盟, 其心一也。善为诗者不说, 善为易者不占, 善为礼者不相, 其心同也"的理论分析。这就从理论上规定了《易》作为儒家经典的属性: 儒家的《易》不是占卜之《易》, 这就继孔子之后, 继续加强了《易》作为易道思想载体的理论属性, 这也是经典作品的重要特征之一。

《荀子·大略》的这段论《易》内容对于促进《易》的经典化的另一个意义在于, 荀子通过对与《易》并称的其他四经在内的各个经典的应用要点的集中论述, 揭示出其对此五部经典的共同目标都是对其应用属性的超越, 追求的是讼诗、相礼、占易等具体行为背后的思想文化属性。六艺背后的六种文化属性分而视之, 各自承担着各自独特的文化使命, 合而观之则又相互补充, 形成了一个系统的体系, 可谓六经思想文化体系。荀子构建的这一体系的雏形包含了《易》, 本身就加强了《易》作为经典所应具备的理论属性。

## 三、荀子对儒家《易》的经典化之推进及其学术史意义

荀子通过对孔子易学思想的准确把握, 沿着孔子开创的义理之《易》的方向, 在自己的讲学与著述中进一步深化了《易》的哲理化程

度，从而也就在孔子之后实质性地推进了《易》作为儒家经典的步伐。荀子对儒家《易》之经典化推进的一个重要因素，还在于他作为战国末期最有影响的儒家大师的地位。这一大师地位也使他所提倡的孔子式的易学思想的影响日益扩大，从而也就事实上扩大了《易》作为儒家经典的影响。

（一）荀子对儒家《易》的经典化之推进

在孔门序《易》的进程中，有两个关键时期，一个是七十子时期，一个是荀子时期。七十子时期是全面阐述《易》之精义的重要时期，也是《易传》形成的重要时期。然而由于这一时期距孔子时代太近，所以其成就往往被孔子光芒所掩盖，虽然其成果被记录与保存下来，但具体的人物则付之阙如。这主要是由于这一时期有关文献不足的缘故。马王堆帛书《周易》中六篇《易传》性质文献的发现，则给我们提供了一定的新材料，这也证明了我们的观点的合理性。然而，在七十子以后，儒家学说则面临着分裂与混乱的危险。《汉书·艺文志》言："昔仲尼没而微言绝，七十子丧而大义乖，故《春秋》分为五，《诗》分为四，《易》有数家之传。战国纵横，真伪分争，诸子之言纷然殽乱。"在《易》的传播上，也同样如此。这时需要有新的集儒家思想大成者出来，重新接续儒家文化的正脉。正是在这样的背景下，荀子出现并担当了这一责任。

（二）荀子对孔门《易》学正统的继承与发展

荀子促进儒家《易》经典化的重要意义，首先体现在对孔门正统的易学思想的继承。如上所述，这种正统的易学思想就是孔子所首倡的"不占而已"的易，即义理之易。这一点已经得到相关学者的重视："征引《周易》经文来讲说道理，孔子已经做过，如《论语·子路》中一段话引《恒》九三爻辞。子思所撰《礼记·表记》、《坊记》、《中庸》、《缁衣》等篇有类似例子（高亨，《周易大传今注·附录一》。荀子的做法，正是孔门的传统。"①

荀子促进儒家《易》的经典化的另一个重要意义是在继承孔门

---

① 李学勤，《周易溯源》，第 134 页。

《易》学传统的同时，又结合历史进程作出了进一步和发展。具体来说，就是荀子继承正统的孔子理性易学观而放弃传统上的神性易学观的同时，还对这一思想有所引伸与发展，据《荀子·天论》载："卜筮然后决大事，非以为得求也，以文之也。故君子以为文，而百姓以为神。以为文则吉，以为神则凶也。"在这里，荀子对充满宗教神秘意味的《易》之卜筮的功能进行了历史性的分析：春秋时期用卜筮来决断重要事项，并不是说真正地能够得到上天的启示，只不过是一个美化的形式。然而，老百姓却当作求神相助的方法。这实际上就是所谓"神道设教"。在先秦时期，人类处于迈入文明门槛的初期阶段，与这样的文明进程相适应，统治者为了有效地实现统治目的，就需要将自己神化起来："统治者一方面代表人和神打交道，另一方面又作为神的代表来统治人民。中国古代的君主以及许多其他古国的君主都说自己得到'天命'或者'神的命令'，这不是偶然现象，是具有一般性的"[1]。与此相适应，有一些学者就投其所好，提出一些神化其事的理论来，但也有一些学者怀着理性精神和崇高的历史责任感，提出了摆脱神学蒙昧，觉醒时代理性的理论，于是这时的学说可分为两类："一类学者以为天命人心有内在关系，而另一类学者则以天命只体现于古今时运之变上，与人心并无关系"[2]。荀子认为如果把《易》的卜筮行为当作一种神道设教的形式就是好的事情，但是若将其当作神明之事，则是不吉利的事。这充分表明荀子已经在理论上十分清醒地从春秋时期的神命观念的主宰下解放出来，实现了理性的觉醒。荀子学说是属于理性觉醒的一类。

由于荀子是战国后期儒家思想的集大成者，其学术影响也是最大的。我们可以通过《史记·孟子荀卿列传》的记载，充分了解到荀子在当时的影响："荀卿，赵人。年五十始来游学于齐。骀衍之术迂大而

---

①刘家和，《关于中国古代文明特点的分析》，载《古代中国与世界：一个古史研究者的思考》，武汉：武汉出版社，1995年，510页。

②刘家和，《论中国古代王权发展中的神化问题》，载《古代中国与世界：一个古史研究者的思考》，556页。

闳辩；奭也文具难施；淳于髡久与处，时有得善言。故齐人颂曰：'谈天衍，雕龙奭，炙毂过髡。'田骈之属皆已死。齐襄王时，而荀卿最为老师。齐尚修列大夫之缺，而荀卿三为祭酒焉。齐人或谗荀卿，荀卿乃适楚，而春申君以为兰陵令。春申君死而荀卿废，因家兰陵。李斯尝为弟子，已而相秦。荀卿嫉浊世之政，亡国乱君相属，不遂大道而营于巫祝，信禨祥，鄙儒小拘，如庄周等又猾稽乱俗，于是推儒、墨、道德之行事兴坏，序列著数万言而卒。因葬兰陵。"

综上，由于荀子在当时学术界有巨大的影响，所以荀子对《易》的经典化的贡献，首先，体现在通过自己的讲学，广泛传播给众弟子，使《易》得到了此后儒家学者的高度重视，成为六经之一；其次，荀子准确地把握孔子义理之《易》的宗旨，发扬光大了孔门正传之《易》，这也是他对儒家《易》之经典化贡献的关键所在。最后，经由荀子纳《易》入于儒门经典系列，全面开启了儒家六艺的经典化进程，也初步形成了儒家六经体系的雏形。

（原载《第二届晋学与区域文化国际学术研讨会暨荀学与诸子学论坛论文集》，2015 年 10 月，山西临汾）

甲骨、金文、简帛文字考释

# 甲骨文"堻"字补释

## 一、问题的提出

《甲骨文合集》编号 6 的一版甲骨①中有一条卜辞："癸巳卜，宾贞，令众人⚘入綷方，⚘田"② 具有重要的史料价值，学者们利用这条卜辞在商代农业耕作方式、政治制度、经济形态与地理方国等方面的研究，都取得了一定的收获。然而，由于这一条卜辞中的两个关键字"⚘"与"⚘"的识读还难以定论，所以学者们多年来利用这条卜辞得出的结论往往难以达成共识。因此，及时根据古文字考证及其相关史实研究的进展，重新释读这两个关键字，对于我们进一步推进对该条卜辞的理解具有一定的帮助。

由于此前研究焦点主要集中在对"⚘"字的释读及其所反映的史实方面③，尽管目前对于"⚘"字与其后的"田"字的准确释读还存在多种

---

① 此版卜辞取自董作宾，《殷虚文字甲编》3510，系由 3517+邺初下 29. 2（京 1681）拼合形成，原甲骨片现藏台湾史语所（参见《甲骨文材料来源表》（第一册），北京：中国社会科学出版社，1999 年，第 1 页）。

② "⚘"与"⚘"二字的摹本采自姚孝遂主编、肖丁副主编，《殷墟甲骨刻辞摹释总集》（上册），北京：中华书局，1998 年，第 1 页。

③ 对"⚘"字的释读，学者做出了初步总结，可参看葛英会先生归纳的四类（圣、坐、贵、袞）说，及在此基础上提出的第五类"封"字说，参见葛英会，《释殷墟甲骨的土田封疆卜辞》，载宋镇豪主编，《甲骨文与殷商史》（新一辑），北京：线装书局，2008 年。

意见，但大家的成果从宏观上看，"除了杨树达释为'掘矿'以外，其他学者皆以为与农事相关，有垦荒、耨田、粪田、耕种等不同训解。郭沫若释作'筑场圃'即铺设谷簸扬之所，也是农事的一个环节。"①因此，本文在继承学界对于"🦗"字的解读普遍反映出某种农事活动的背景知识基础上，拟对此前研究相对薄弱的"🦗"字的释读进行重新思考，不足之处，请方家指正。

## 二、"🦗"字释读的分野与"聟"字补释

"🦗"在《殷墟甲骨刻辞摹释总集》及《甲骨文合集释文》中皆未给出隶定字形。但是，在《殷墟甲骨刻辞类纂》中则隶定为"肆"字，此后的许多甲骨著录书采纳了这一字形，如曹锦炎、沈建华《甲骨文校释总集》、陈年福《殷墟甲骨摹释全编》。彭邦炯先生认为将"🦗"字左下所从之"⊘"字释为"耳"字当源于王襄的《簠室殷契类纂》②。沿着这一思路，学术界对整个字形形成了三种主要的隶定方法：其一，如上举的"肆"字；其二，如上述彭邦炯先生隶定为"聟"，读为"聩"；其三，隶定为"取"，读为"趋"③。

然而，与大多数人将"🦗"字左下所从之"⊘"字释为"耳"不同，也有少数学者对"⊘"字的释读提出了不同的观点。首先是于省吾先生将其释为"斧"，针对彭邦炯先生把"🦗"隶定为"聟"，读为"聩"，于省吾先生认为："（🦗）字从'聿'从'斧'，不从'耳'，释'聩'不可据。"④ 其次，季旭升先生进一步认为："甲骨文的'耳'字作

①葛英会，《释殷墟甲骨的土田封疆卜辞》。
②参见彭邦炯，《释卜辞"众人聩"及相关问题》，载《殷都学刊》，1989 年第 2 期。
③杨升南、马季凡，《商代经济与科技》（宋镇豪主编，《商代史》卷六），北京：中国社会科学出版社，2010 年，第 140 页。这一观点当导源于《小屯南地甲骨》4330："丁丑贞今秋王令众聟作🦗。"考古所："聟，疑为取之异构"。"聟"与"🦗"字形相近，因此也就可能将"🦗"理解为"取之异构"。
④于省吾，《甲骨文字诂林》，北京：中华书局，1996 年，第 654—655 页。

'Ⴙ'，作为偏旁用的'戊'字作'Ⴙ'"①。对比于省吾先生与季旭升先生的相关论述发现，后者是对前者观点的进一步发展。这种发展主要体现在试图把作为构字部件的"耳"与"戊"加以细化区分。本文的写作正是由于在释读《甲骨文合集》6之卜辞过程中，体会到由于长期以来对于甲骨文"耳"字与"戊"字构型存在混淆，有可能会造成对相关甲骨卜辞的解读也出现同样的混淆问题，从而影响到对其史料价值的判断。因此，本文就以研究商代农业生产、经济形态、土地制度、社会结构等诸多方面频繁征引的这条武丁卜辞释读为例，对区分甲骨文"耳"字与"戊"字构型的问题，做进一步探索，并对其可能产生的影响加以分析。

季旭升先生认为《甲骨文合集》6中的卜辞："癸巳卜，宾贞，令众人ᵡ入绛方，ᵡ田"，所反映的行为有"武装垦殖、拓张新土的意味"，然后联想到象征王权的"斧钺"，因此将"ᵡ"字隶定为"肆"② 字。这一观点是在继承并发展了于省吾先生思路基础上做出的，根据本版卜辞的上下文行文逻辑，此说比此前大多数人释为"肆"更具有说服力。本文在接受这一观点基础上，对其进一步完善、补充。

首先，季旭升先生在隶定后，给出的释读有待修正。他是在对与"ᵡ"字相关的"ᵡ"字（季先生认为二者是异体字关系）释读基础上，将"ᵡ"字读为"圣"，义为"整平田土"，故全句意为"癸巳这一天卜问，宾贞：是否命令众人进入绛方整平田土？……皇田？"③

这里的问题是，"ᵡ"字在该条卜辞中应该是卜问是否"入绛方"这一动作，无论从字形，还是从文义上都无法理解成"平整土地"，而该条卜辞最后两个字"皇田"显然更符合"平整土地"之义。因此，本文在于、季二先生前期成果基础上，重新梳理这条卜辞的行文逻辑发现，对"ᵡ"字理解应该从描述如何"入绛方"这一行为的角度思考较为合理。在这一认识前提下，结合上下文，认为此处"ᵡ"字释为"肆"，读为

①季旭升，《谈甲骨文中"耳、戊、巳、士"部中一些待商的字》，载《第三届国际中国古文字学研讨会论文集》，香港中文大学中国文化研究所印行，1997年，第197页。
②参见季旭升，《谈甲骨文中"耳、戊、巳、士"部中一些待商的字》。
③参见季旭升，《谈甲骨文中"耳、戊、巳、士"部中一些待商的字》。

越，《说文解字》："越，度也"；《王力古汉语字典》："（越），踰越，超出某种规定或范围"①；综合以上两种解释，结合本版卜辞的行文逻辑，越字，在此释"踰越"义，也可以进一步理解为含有征伐之义，目的是为了扩大可以用来耕作的土地面积。因而，本条卜辞的释读大意为："癸巳这一天卜问，宾贞：是否命令众人越入絴方？……整平田土？"

这一解读思路有如下根据：

（一）与《甲骨文合集》6 中卜辞："癸巳卜，宾贞，令众人🗡入絴方，🗡田"相关，还有下一条对贞卜辞："贞，勿令众人。六月。"根据二者的对贞关系，"勿令众人"后应该接"入絴方"。如果是这样的语境的话，我们综合分析这二条对贞卜辞发现，占卜的目的是衰田②，但占卜的重点是"入不入絴方"，隐含着这一行动的重要性。

（二）张政烺先生认为"卜辞衰田皆在王令下进行，其土地所有权属于王。而入某些方国衰田，也就标识着殷王国有土地扩大"③。联系到商与方国经常发生争夺土地与物产的史实，商王的这两次占卜，显然与其令众人进入的絴方关系应该是不友好的，所以其进入方式就带有"踰越"（边界）的征伐性质，由于怕遇到对方抵抗，所以要占卜④。

（三）季旭升先生认为这一行为有"武装垦殖、拓张新土的意味"，可看作是对张先生观点的支持。既然是与"武装垦殖、拓张新土"有关，自然就会联想到象征王权的"斧钺"，因此将"🗡"字隶定为"蚌"⑤字也就顺理成章了。

（四）文字构型与文献用例的考察。"蚌"字从"戉"，从"聿"，

---

① 王力，《王力古汉语字典》，北京：中华书局，2000 年，第 1344 页。
② 采用张政烺先生说，见《卜辞衰田及其相关诸问题》，载《考古学报》，1973 年 1 期。
③ 张政烺，《卜辞衰田及其相关诸问题》。
④ 商王朝与絴方关系，有学者分成"为友"与"反叛为敌"二种情况，并详细列举了相关的 15 条卜辞资料，参见孙亚冰著《商代地理与方国》（宋镇豪主编，《商代史》卷十），北京：中国社会科学出版社，2010 年，第 276—280 页）。需要说明的是，在该著作中，将本文所涉及的卜辞"癸巳卜，宾贞，令众人🗡入絴方，🗡田"列入"为友"类卜辞，似可再加思考。根据本文研究，应该列入"为敌"类卜辞。
⑤ 参见季旭升，《谈甲骨文中"耳、戉、已、士"部中一些待商的字》。

从"戉"得声兼会意，因此可把"戜"字视为形声会意字。戉，匣母月部；越，匣母月部二者双声叠韵，皆合口三等字。故二者通假从声韵看都没问题。再看文献用例："者汈钟：'隹戉十有九年'……传世有越王者於赐钟及矛、剑、戈数件（《鸟书考》图二—七），越字亦作戉。此外，尚有越王州句矛、剑，越王之子句践剑，越皆作戉"①。春秋战国时期距离殷商时期未远，在这一时期大量的"戉"与"越"通假的用例，很好地支持了本文的论点。

这里应该说明的是，从文字发展与演变进程上看，"戉"是初文，"越"是后起之字。大约在汉以后，往往就习惯上以"越"字来代替"戉"字使用了②。

## 三、余论

本文对于从"戉"之字"戜"的考释是基于区分甲骨文中"耳"字形与"戉"字形而完成的。在梳理学术界前期研究成果的时候，逐渐发现，当前的文字释读过程中有可能存在着将二种字形混淆的问题，即都倾向于将"🜨"与"🜨"等类的字形统一释读为"耳"。然而，我们在具体利用甲骨卜辞，特别是从段落意义与整篇理解意义上使用相关卜辞的时候，就会出现从字形上说得通，但是从文义上解释不清、甚或二者相互龃龉的情况。

就现有材料来看，最早发现这一问题，并尝试加以解决的是于省吾先生。如前文所述，于先生认为本文讨论的"🜨"字从"斧"，不从"聿"即是证明。于先生还有专文对"斧"与"戉"的字形区分进行了颇具启发的讨论："🜨字象横列的斧形，即斧字的初文……甲骨文耳字象形作🜨或🜨，金文作🜨，这和🜨、🜨二字之作横长形者截然不同"③。

---

① 王辉，《古文字通假字典》，北京：中华书局，2008年，第623页。
② 参见李学勤主编，《字源》（上册），天津：天津古籍出版社，2012年，第104页。
③ 于省吾，《甲骨文字释林·释斧》，北京：中华书局，2009年，第364—366页。

于先生尝试将从斧象形的 ⊶ 与从耳象形的 ⊄ 与 ⊕ 区分开来。如前所引，在《甲骨文字诂林》中，又把"⅊"字左下方的 ⊕ 释为从斧。综合两方面看，于先生在不断细化从"斧"与从"耳"之字的区分。亦如前述季旭升先生则进一步认为"甲骨文的'耳'字作'⊄'，作为偏旁用的'戊'字作'⊕'"，并初步分离出一批从"戊"的字：聝⅋、戊 ⅌、聠⅍、瞶ⅎ①。季旭升先生对于省吾先生观点的发展表现在两个方面：其一，明确指出要区别甲骨文耳（⊄）与作为偏旁用的戊（⊕）字。其二，认为于省吾先生所说的斧（⊶）实际上是戊字的象形。当然，这些结论需要在以后的实践中不断地加以验证，但从其区分出来的从"戊"之字，还是颇有说服力的，也具有启发意义。

　　本文在前述成果基础上，认为可以进一步区分出作为偏旁使用的"戊"字初文，与作为独立文字使用的"戊"字象形。目前的各类字典、文字编所收的"戊"字形基本上都是带有戈柲象形的：

$$\underset{商}{ϙ}^{1}\!-\!\underset{商}{ϙ}^{2}\!-\!\underset{商}{ϥ}^{3}\!-\!\underset{商}{ϸ}^{4}\!-\!\underset{商}{ϥ}^{5}\!-\!\underset{西周}{ϗ}^{6}$$ 等字形②。这一类字形做象形的独体字应该

没有问题，但是当需要用"戊"字作为偏旁形成新的形声字或会意字的时候，很有可能就加以符号化处理，是有可能取戊柲的一部分作为饰笔的小竖即可，因而有了作为构字偏旁专用的戊（⊕）字形。然而，这一字形由于与耳（⊄）字形十分相近，所以常常被误读，如上文所举的几个例子。尽管"耳"字象形也有 ⊕ 字形，但不是主流。例如，《甲骨文编》共收录"耳"字五例，只有一例 ⊄ 右侧中部带有类似戊柲的小竖饰笔，但是要注意其右上角尚有一小饰笔，这样就很容易与"戊"字象形区别开来。

　　　　　　　　　（原载《出土文献与诸子学论坛论
　　　　　　　　　文集》，2016 年 11 月，河南开封）

---

①季旭升，《谈甲骨文中"耳、戊、已、士"部中一些待商的字》。
②此处取自李学勤主编，《字源》（上册），天津：天津古籍出版社，2012 年，第 1111 页。

# 《大盂鼎铭》"域"字考释

　　现藏于国家博物馆的大盂鼎为西周早期康王时期青铜器，清代道光初年出土于陕西眉县礼村沟岸中，鼎内壁铸有铭文291字，含合文5字①。鼎铭较为详细地记载了周王对于作为累世公卿的大臣盂的垂训和赏赐。《大盂鼎铭》无论从字数上，还是从其所记载内容的重要性上都堪称鸿篇巨制，向为学界所重视，成为国家博物馆镇馆重器之一。《大盂鼎铭》记载的内容大体上可以分为两个部分：前半部分是周王对盂的训示，通过追溯周王朝的早期历史与取得天下的经验，反思商王朝灭亡的教训，警示盂要以正反两方面的历史为鉴，继承先祖优良传统，继续为周王朝建功立业；后半部分主要记载周王对盂的赏赐，包括赏赐器物与授民授疆土两方面。因此，《大盂鼎铭》对于研究商王朝灭亡的历史教训、西周早期历史、西周分封制度的具体内容，以及西周早期不同阶层人民的身份地位等诸多方面都具有重要的史料价值。大盂鼎面世以来，学术界在上述诸领域展开了持续的研究，也取得了丰硕的成果。然而迄今为止，对于《大盂鼎铭》中史料价值特别重要的授民授疆土部分"▨▨▨自乒（厥）土"一句的前三个字的释读，尚存

---

①吴镇烽，《商周青铜器铭文暨图像集成》（第5册），上海：上海古籍出版社，2012年，第443页，编号02514，后引此书简称"《铭图》"；中国社会科学院考古研究所：《殷周金文集成》（修订增补本·第2册），北京：中华书局，2007年，第1517页，编号02837。二书在关于此鼎的出土地点、释文方面基本相同。

诸多歧义，特别是对""字的释读仍未有定论。这从一定程度上影响了对于铭文史料价值的准确把握。本文充分借鉴现有成果，重新疏通鼎铭文义，对""、""二字的释义进行梳理辨正，对于""字的释读进行新的尝试，以求对准确掌握《大盂鼎铭》略尽绵薄之力，不妥之处，敬请方家指正。

为了研究方便，现将《大盂鼎铭》授民授疆土部分铭文拓本及释文移录如下：

铭文拓本：

拓本 a①　　　　　　　　　拓本 b②

铭文释文：

雩（雩）我㠯（其）遹省先王受民受彊（疆）土，易（錫）女（汝）鬯一卣，冂衣、巿（韍）、舃、車、馬，易（錫）乃且（祖）南公旂，用遒（狩），易（錫）女（汝）邦嗣（司）亖（四）白（伯），人鬲自駿（馭）至于庶人六百又五十又九夫，易（錫）尸（夷）嗣

---

①吴镇烽，《铭图》（第 5 册），第 443 页。
②吴镇烽，《铭图》（第 5 册），第 446 页。

（司）王臣十又三白（伯），人鬲千又五十夫,逦裒遷自毕（厥）土①。

如前所述，引文中的“🔲”、“🔲”、“🔲”（即“逦”、“裒”、“遷”②）三个字一直是《大盂鼎铭》的释读难点，经过多位学者的长期努力，“🔲”字与“🔲”字分别读为“🔲”（“逦”）与“🔲”（“遷”）已经基本上达成共识，但是在具体的释义理解上，由于对鼎铭文义的不同理解，尚存在一定的分歧；相对于上述两字，处于二者中间的“🔲”字则从文字的隶定，到字义的释读都还没有达成共识，这个字也成为《大盂鼎铭》中尚存歧义最多的字之一。因此，本文在整理辨析“🔲”（“逦”）与“🔲”（“遷”）二字释义基础上，从形音义三方面对“🔲”字做出全面的考释。

为了行文方便，除使用原字拓本之外，行文中暂时统一使用《铭图》的释文。

## 一、🔲字辨析

🔲字释读先后有三种不同意见：

第一种意见是读作“極”。王国维首倡③，但是没有做出具体释义。这一观点虽然不准确，但是其大致方向是对的，其字义亦接近，为后来学者的进一步努力提供了启示。

第二种意见是读作“徑”。唐兰认为“从‘彳’，‘巠’声，与‘極’通……大概是极远的专字”④。丁山亦较早读为“徑”，但限于对第三个字（即后来释为“遷”字者）未能释出，所以未能有进一步解释，而且由于其行文重点是讨论“人鬲”的身份及封建制度，对此字

---

①吴镇烽，《铭图》（第5册），第443页。

②此处暂时采用《铭图》的释文。

③王国维，《王国维遗书》（第六册），上海：上海古籍书店，1983年，《观堂古今文考释·盂鼎铭考释》。

④唐兰，《西周青铜器铭文分代史征》（《唐兰全集》第七册），上海：上海古籍出版社，2015年，197页。

隶定后即一带而过①。吴大澄也读作"徎"②。刘翔、陈抗等编著的《商周古文字读本》认为："徎，字从彳，当训'至'之'极'的本字。《诗经·大雅·崧高》：'骏极于天'，毛传上：'极，至也。'"③这个训解在唐兰先生的基础上，突出了"至"义，是对唐兰先生见解的引申与发展。

第三种意见是读作"遒"。这是较早由李学勤先生做出的释读。李先生认为此字读为"遒"，并且认为是"疾、速"之义，他认为整句话"遒襄遷自乎（厥）土"是"疾速自其原居之地迁来"之意④。李先生的释读相对于前二种观点，更加前进了一步，但是仍有未到之处：他把这个字当作状语使用，用来修饰后边的"遷"字。这样一来，紧随其后的"襄"字的解释就会出现问题。李学勤先生采取了把"襄"字也当作状语的方法，读为"畢"，义为"尽"，就与释"遒"为"疾、速"形成同义复合状语，这样就使整个句子合乎语法规范⑤。李先生将此字读为"遒"，已经预示了这一字表示动作的意蕴，为后来的研究者逐渐得出准确释义做出了重要的一步奠基。随着研究的深入，人们发现李先生把"襄"字看作副词作状语存在着一定的问题，也影响了对"遒"字的准确理解。

近年来，越来越多的人倾向于把"▓"理解为地名⑥，人们自然开始把"▓"（"遒"）当作动词来理解，就得出了更加合理的解释。结合整个鼎铭的内容，从上下文的行文逻辑来看，这句话主要是讲"王赏赐给盂各类人物，让这些人从原居住地迁往盂的封地"，所以"▓"字的准确释读应该是释为"徎"读为"遒"，义为"到……（地方）

---

① 丁山，《甲骨文所见氏族及其制度》，北京：中华书局，1988 年，第 36 页。
②《丁佛言手批愙斋集古录》，天津：天津古籍书店，1990 年影印本。
③ 刘翔、陈抗、陈初生、董琨编著，李学勤审定，《商周古文字读本》，北京：语文出版社，1989 年，第 85 页。
④ 参见李学勤，《大盂鼎新论》，《郑州大学学报》（哲学社会科学版）1985 年第 3 期。
⑤ 李学勤，《大盂鼎新论》。
⑥ 这一理解有一定的合理性，但是不确切，下文详述。

去"①。

## 二、■字辨析

■字泐蚀严重，特别是右边偏旁漫漶尤甚。正是由于■字的高度残损，一度给学者的识别造成了很大的困难，也因此多了许多曲折。王国维②与吴大澂③取左侧偏旁为意，读为"萬"。随着近年来研究的深入，王、吴二先生的释读，对字形的把握显然是不够全面的。郭沫若④和丁山⑤则搁置未释。

唐兰先生则认为此字"左旁似从'闔'"，同时又将右边部分看作"阝"，从而把此字释为"鄰"，并认为此字表示地名⑥。此后，学者们进一步研究认为此字应当隶定为"■"⑦，或者是"■"⑧。可见这两个字形与唐兰释出的字形只是在左偏旁的下半部不同，但是不影响对此字整体上的理解。如上引，李学勤先生在论文中径读为"遷"⑨，并没有说明考释过程。但是，在其审定的《商周古文字读本》中，则有简明地说明："■，经籍作"遷"，迁移。此句之意疑为：（把上述那些人），从他们原先的驻地迁到褒地。"⑩"■"字取左偏旁"辇"之义为释读根据，段玉裁《说文解字注》："辇，升高也。升之言登也，此与■

---

①参见杨振之，《〈大盂鼎铭〉"授民"身份问题——兼论商周时代的社会制度》，《四川师范大学学报》（社会科学版）1995年第2期。

②王国维，《王国维遗书》第六册《观堂古今文考释·盂鼎铭考释》。

③《丁佛言手批愙斋集古录》。

④参见郭沫若，《奴隶制时代》，北京：人民出版社，1973年第2版，卷首图版四"《大盂鼎铭》释文"及第25页"释文"。

⑤丁山，《甲骨文所见氏族及其制度》，第36页。

⑥唐兰，《西周青铜器铭文分代史征》（《唐兰全集》第七册），第191页，197页。

⑦孙稚雏，《盂鼎铭文今译》，载《第三届国际中国古文字学研讨会论文集》，香港：香港中文大学中国文化研究所印行，1997年，第900页。

⑧刘翔、陈抗、陈初生、董琨编著，李学勤审定，《商周古文字读本》，第85页。

⑨李学勤，《大盂鼎新论》。

⑩刘翔、陈抗、陈初生、董琨编著，李学勤审定，《商周古文字读本》，第85页。

部迁、揭音义同"①。

这样，经过几代学者的努力，"■"字的正确释读应该是释为"麑"，读为"迁"，义为"迁徙"。

## 三、释■

"■"字是目前尚未有定论的字。就目前研究成果来看，多数人倾向于是地名的专用字。这一观点最早由唐兰先生提出，但是他认为"■"字与其后的"■"字（如前揭，被他释为"�…"）都是地名，并释为"从两戈相反"的"戋"②。唐兰先生将"■"字后边的"■"字也释为地名，根据上文研究是有问题的，但是其把"■"字释为地名，从大的方向上看是正确的，尤其是他认为"■"字"从两戈相反"是独具慧眼的，为后来者准确把握字形打下了很好的基础，只是在整个字形的隶定上忽略了中间的象形符号"口"。除唐兰先生之外，对于"■"字的释读还有若干不同意见：丁山隶定为"戜"，未作释义③；孙稚雏隶定为"戜"，但指出"（义）未详"④；濮茅左隶定为"戜"⑤；《商周古文字读本》《铭图》《集成》，皆隶定为"戜"。

综合分析上述各家观点，细审前面所附"拓本 a"与"拓本 b"，"■"字的字形理解当以唐兰先生的"从两戈相反"为正确。这样看来，唐兰、孙稚雏与濮茅左先生的隶定基本上接近于实际情况，且三家都认为两戈相反的方向是上下颠倒。但是唐兰先生与孙稚雏先生的一个共同点是：都忽略了两戈之上的象形符号"口"，目前看来，显然是不妥的。这样看来，濮茅左先生的隶定较为完整。但是，我们根据对两个拓本的仔细观察，两戈应该是左右相反更加接近字形的真实情

---

①段玉裁，《说文解字注》，上海，上海古籍出版社，1981 年，第 105 页。

②唐兰，《西周青铜器铭文分代史征》（《唐兰全集》第七册），197 页。

③丁山，《甲骨文所见氏族及其制度》，第 36 页。

④孙稚雏，《盂鼎铭文今译》。

⑤濮茅左主编，《商周金文》，上海：中西书局，2016 年，第 44 页。

况，即隶定为“⿱穴或”① 字形。

解决了“”字的隶定问题，我们再来考虑释义。

在此前的研究中，关于“”字的含义，除了如前揭李学勤先生读为“畢”，义为“尽”，与释“遫”为“疾、速”形成同义复合状语之外，诸家基本上认为是地名用字。有学者同时认为是盂的封地②。但是都没有给出准确的音义。

在前贤成果基础上，本文认为将“”字认定为与地名有关系的大方向没问题，但是它不是盂的封地，也不是某一个具体地点的地名专用字，而是西周至战国时期专门用来指称较高级别之封地的专用名词。通过对其字形从“或”的分析，我们把此字新释为地域之“域”字③。这一释读可以从战国竹简中得到充分的证实。这是因为在战国竹简中有一个类似的“⿱宀或”④ 字，从其构形思路来看，与“⿱穴或”字相类，“⿱宀或”字可以看作是“⿱穴或”字在战国时期的简化结果。我们知道，古文字发展进入战国时期变化非常剧烈，文字繁化、简化频繁，所以这种简化是有其文字发展史背景支持的。另外，银雀山汉简中有一个“”字，经考释其音义与战国竹简的“⿱宀或”字相同，而其字形则可以看作是“⿱宀或”字的简化结果。将这两个字与《大盂鼎铭》的“”字进行排比分析后，就会形成一个相对完整的《大盂鼎铭》“”字简化轨迹。因此，我们就分别从字形的分析与字义辨析两个方面对金文“”字、战国竹简“⿱宀或”字与汉简的“”字进行系统分析研究。

---

①此字形亦见于董莲池编著，《商周金文辞汇释》（下册），北京：作家出版社，2013 年，第 1681 页引用丁山著《甲骨文所见氏族及其制度》相关内容时给出的字形。然而，查丁氏原书，其字本作“⿱穴或”形。

②杨振之，《〈大盂鼎铭〉“授民”身份问题——兼论商周时代的社会制度》。

③近读凡国栋先生新编著《金文读本》关于此字注释曰：“⿱穴或，意义不详，或说作地名，也可能读为域。”说明凡先生也从某种程度上认识到此字新的考释方向，只是尚未从音义方面加以全面分析。参见氏编著《金文读本》，南京：凤凰出版社，2017 年，第76 页。

④“⿱宀或”字见于三种战国简，分别是：包山简、上博简《曹沫之陈》、郭店简《缁衣》。参见陈伟等著，《楚地出土战国简册十四种》之《包山 2 号墓简册》，北京：经济科学出版社，2009 年，第 9 页，注［18］。

首先来看战国至汉代竹简中与""字相关字形如下：

1. 包山简

077　083　143　010　124　151 ①

2. 郭店简

（《缁衣》篇第 9 简）②

3. 上博简

（《曹沫之阵》第 16 简）③

4. 银雀山汉简

④

各简的年代：包山简有明确的墓主下葬年代："公元前 316 年楚历 6 月 25 日"⑤；郭店简下葬年代在"公元前 4 世纪中期至前 3 世纪初"⑥；上博简年代测定为"战国晚期"⑦；银雀山一号、二号汉墓的年代是"汉武帝初年"，而"所出竹书的字体属于早期隶书，估计是文、景至武帝初期这段时间内抄写成的"⑧。

三种战国简的年代十分接近，基本上在公元前 4 世纪中期至前 3 世纪左右，因此字形也十分接近。在几种战国竹简中，包山简的字形最丰富，为我们推测字形演变提供了多种素材。在包山简众多的字形中，

①李守奎、贾连翔、马楠编著，《包山楚简文字全编》，上海：上海古籍出版社，2012 年，第 321 页。

②荆门市博物馆，《郭店楚墓竹简》，北京：文物出版社，1998 年，第 17 页。

③马承源主编，《上海博物馆藏战国楚竹书》（四），上海：上海古籍出版社，2004 年，第 107 页。

④银雀山汉墓竹简整理小组，《银雀山汉墓竹简》（壹），北京：文物出版社，1985 年，第 117 页。

⑤湖北省荆沙铁路考古队，《包山楚简》，北京：文物出版社，1991 年，"序言"第 1 页。

⑥湖北省荆门市博物馆，《荆门郭店一号楚墓》，《文物》1997 年第 7 期。

⑦马承源主编，《上海博物馆藏战国楚竹书》（一），上海：上海古籍出版社，2001 年，"序"第 1 页。

⑧银雀山汉墓竹简整理小组，《银雀山汉墓竹简》（壹），第 5 页。

就有繁简的不同写法，说明了字形简化的可能。同时，包山简与郭店简与上博简比较，后二种明显有更加简化的特点。唯一的汉代银雀山简则显示出较为彻底的字形简化。这些战国简上距大盂鼎的康王二十三年约600多年①，银雀山汉简又上距这些战国简200年左右。把这几种战国与汉代竹简中相关的"戥"、"𤯛"与《大盂鼎铭》中的"🔲"做一个排比，就会得出一个直观的上下持续800年左右的从《大盂鼎铭》"🔲"字经过战国简"戥"字最后到银雀山汉简"𤯛"之间的字形简化过程序列：

（包山）077　　（包山）083

"🔲"（《大盂鼎铭》）→ （包山）151 → （包山）143 → （银雀山）

（包山）010　　（缁衣）

（包山）124　　（曹沫之阵）

从上列字形演变序列中，我们可以有几点规律性发现：

（1）在年代相近的三种战国简之中，同一个"戥"字会有繁简二种写法，表明战国竹简中文字简化现象较为普遍。

（2）即使在《包山楚简》同一篇简文中，"戥"字写法也明显可以分成繁简两种写法，同样表明战国竹简中文字简化现象较为普遍。

（3）银雀山汉简与三种战国简大约相差200年左右，字形简化非常彻底。

为了更加直观地观察"🔲"字的简化过程，我们可以把上面列出的字形演变序列简化成："🔲"（戥）→ "🔲"（戥）→𤯛（或）。

梳理了字形演变规律之后，我们最后要对"🔲"字的音义进行

---

①据中国社会科学院历史研究所《中国历史年表》课题组，《中国历史年表》（北京：中华书局，2013年），康王元年为公元前1020年。

新的解读。如前文所述，此前学术界对于"▨"字的理解基本上认为是一个地名专用字，也有人认为是盂的封地用字，但对于具体音义都没有给出准确解释。正是由于有了上述三种战国简及银雀山汉简的发现，使我们反推金文"▨"字的音义有了可能。

我们从对包山简"或"字考释的综合分析入手。为了便于分析，我们列出包山简相关简文，共六条①：

1. 䣢或之少桃邑（包山简 10 号）

2. 章或䣈邑（包山简 77 号）

3. 罗之庀或之奎者邑（包山简 83 号）

4. 敢或东敬卲戊之笑邑（包山简 124 号）

5. 鄝或礚敬䣕君之泉邑人黄钦（包山简 143 号）

6. 卲或嚣邑（包山简 151 号）

最早对"或"字做出释读的是李零先生②。李零先生在解读包山简时将此字读为"域"，并没有做出具体的解释。通过分析上述简文可以发现，"或"是比"邑"的层次高的地域概念，但是这一概念的准确含义是什么，学者们在接受李零先生读为"域"的基础上进行了广泛探索。陈伟认为："域在传世古书中，泛指各种地域范围。银雀山汉简《田法》记云：'州、乡以地次受田于野，百人为区，千人为域。人不举域中之田，以地次相……'。这里的区、域分别是指百人和千人受田的范围。由于受田有定数，所谓区、域就是特定的地域概念。因此，并考虑到简书中的邑也与授田有关，包山简中域的含义当与《田法》的域较为接近。"③ 陈伟先生从宏

①本文所引包山简的字形，综合参考了湖北省荆沙铁路考古队，《包山楚简》及陈伟等著，《楚地出土战国简册十四种》之《包山 2 号墓简册》。

②参见李零，《包山楚简研究（文书类）》，桂林：广西师范大学出版社，1998 年，第 135 页。据载，李零最早曾在 1992 年"中国古文字研究会第九届学术研讨会"上发表这一见解，参见陈伟等著：《楚地出土战国简册十四种》，第 504 页。

③陈伟，《包山楚简所见邑、里、州的初步研究》，《武汉大学学报》（哲学社会科学版）1995 年第 1 期。

观上认为"域在传世古书中，泛指各种地域范围"是正确的，但是他随后又将包山简中的"域"等同于银雀山汉简的"千人受田"规模的地域单位就把这一问题理解变狭窄了。银雀山汉简的"域"，应该是如他所说的"各种地域范围"中的一种范围，并不能完全等同于包山简中的"域"。有学者在研究包山简的"邑"之分类时，就发现"邑"的上一级地域单位有多种，其中有一种就是"封君之邑"①。吕全义先生则认为："'鄩'、'域'和部分'或'既然是封君之封地，那么将其所属邑与封君之'邑'当归为一类为宜，称之为封君封国辖邑（包括封国与封君领有之邑）"②。吕全义认为"域"是"封君之封地"，指出"域"作为"泛指各种地域范围"中的又一种重要的地域范围的可能性，即"域"在某一时期有可能是"封君之地"规模的地域概念。"域"的这一含义应该是符合《大盂鼎铭》中"域"的概念的。特别是学术界对湖北随州叶家山西周早期墓地出土曾国青铜器铭文，以及随州文峰塔春秋墓地出土曾国青铜器铭文所载曾国始祖南公的研究都指向了《大盂鼎铭》中的"祖南公"，这就说明盂所袭封其祖南公的封地规模一定是等于或接近于封国级的。因此，我们将鼎铭中的"域"理解为封国规模的地域单位较为符合实际。但是，这里有一点给要特别提示大家要注意：此所谓"封国"之"国"最初是表示地域的概念，随着历史发展，此地域概念之"国"字才逐渐演变为行政区划意义上的政治概念之"国"的专有名词。这一点也可以从本文在进行字形分析的时候曾经列举的上博简《曹沫之阵》第 16 号简及郭店简《缁衣》中与包山简相同字形的"域"字的释义上得到进一步证明。根据这两种简的简文内容，这二处的"域"字都应该读为"国"，而不是

---

① 参见黄盛璋，《包山楚简中若干重要制度发复与争论未决诸关键字解难、决疑》，《湖南考古辑刊》（第 6 集），1994 年；熊贤品，《〈包山楚简〉所见战国晚期楚国社会制度研究》，河南大学 2011 年硕士学位论文，第 11—15 页。

② 吕全义，《两周基层地域性居民组织研究》，北京大学 2016 年博士学位论文，第 187 页。

读为"域"，《说文》："国，邦也，从口，从或"①；又《说文》："或，邦也，从口，从戈，以守一。一，地也。"② 段玉裁《说文解字注》："或、国在周时为古今字，古文只有或字，既乃复制国字……域，……为后起之俗字。"③ 林义光认为："（国）与或同字，以或多用为语词，故别制国字。"④ 季旭升认为："（或）为域国的初文。本义为区域，邦国为后起义。"⑤ 因此，域与国都是最初表示"区域"义的"或"字的后起字，二者可能还是要有规模层次上的区别。陈伟认为郭店简《缁衣》篇及上博简《曹沫之阵》中的国："也许是国野的国，指以某一大邑为中心的区域"，有一定的道理。

综上，本文主要通过对包山简"𧰨"（或）字及银雀山汉简"𦥑"（或）字的分析，把《大盂鼎铭》的"🔲"字释读为"域"，义为"相当于封国规模的地域概念"，不是特定地名用字，亦不是盂之封地专用字。此字长期以来未能有全面的考释。笔者研读《大盂鼎铭》时，曾经通过对上下文隐含的邦、国对举行文逻辑的梳理，将"🔲"字读作域，但是未能有充分的论据。近来读战国竹简，偶然发现含有与"🔲"字相关的"或"字竹简三种，进一步探求下又有银雀山汉简的域字，因草成此文，对"🔲"字的音形义做出全面考释如上。

## 小结

1.《大盂鼎铭》中关于授民授疆土部分最后一句"🔲🔲🔲自氒（厥）土"中的"🔲"字有多种释读，经过分析与总结前人成果，

---

① 许慎，《说文解字》，北京：中华书局，2013 年，第 125 页。
② 许慎，《说文解字》，第 267 页。
③ 段玉裁，《说文解字注》，第 631 页。
④ 林义光，《文源》，上海：中西书局，2012 年，第 318 页。
⑤ 季旭升，《说文新证》，福州：福建人民出版社，2010 年，第 901 页。

“”字的准确释读应该是释为“徑”读为“逕”，义为“到……（地方）去”。

2. 通过对几代学者研究成果的辨析，《大盂鼎铭》中关于授民授疆土部分最后一句“自氒（厥）土”中的“”字的正确释读应该是释为“䙴”，读为“遷”，义为“迁徙”。

3. 在梳理辨正了《大盂鼎铭》中关于授民授疆土部分最后一句“自氒（厥）土”中的“”字、“”字的释读后，利用包山简、郭店简、上博简与银雀山汉简的相关内容，对尚未有定论的“”字的形音义进行全面的考释，认为“”字释为“𡨦”，读为“域”，义为“相当于封国规模的地域概念”。

（原载《青铜器与金文》（第二辑），
上海古籍出版社，2018年）

# 试说清华简《周公之琴舞》
# "日内皋蟹不盗，是隹尾"

　　《清华大学藏战国竹简》（三）中的《周公之琴舞》① 公开出版后，引起了学界的广泛重视和全面深入的讨论，取得了丰硕成果。清华简整理者筚路蓝缕，从竹简的保护与整理，简文的隶定，释文的斟酌等方面完成了大量的基础性工作。正是这些开创性的工作成果，使学者们进一步研究与讨论《周公之琴舞》得以顺利展开。然而，由于《周公之琴舞》作为时代相隔久远的先秦古诗类文献言辞古奥，用韵宽泛而不规律，所以随着研究的深入就会发现一些影响到一首诗、甚至是整组诗②正确理解的疑难字句。本文在整理者成果基础上，对其中"四启"部分的一个关键句"日内皋蟹不盗，是隹尾"所存在的问题进行尝试性疏解。

## 一、问题的由来

　　由于"日内皋蟹不盗，是隹尾"在"四启"诗中的末尾，位置相

---

①见李学勤主编，《清华大学藏战国竹简》（三），上海：中西书局，2012 年。
②《周公之琴舞》全篇由十首整齐的"启—乱"结构诗组成，因此称其为《周公之琴舞》
　组诗更为恰当，也便于学术研究中的行文与表述。

对特殊而重要，其所表达的内容与全诗有着相对密切的相关性。为了准确把握这句话释读存在的问题，我们先把整理者所做的"四启"释文及李守奎先生所做的文义串讲列出，便于讨论：

四攺（启）曰：文=（文文）亓（其）又豪（家），缶（保）蓝（监）亓（其）又（有）逘（后），需（孺）子王矣，不（丕）盗（宁）亓（其）又（有）心。季=（慈慈）亓（其）才（在）立（位），熙（显）于上下。釁（乱）曰：挽（遹）亓（其）熙（显）思，皇天之红（功），昼之才（在）见（视）日，夜之才（在）见（视）晨（辰）。日内（人）皋蟗（举）不盗（宁），是隹（惟）尼（宅）。①

文义串讲：

四章之启曰：赖我先人勤勉其家，保佑监督其后嗣，小子我现今得以即位临政，内心惶恐不安，战战兢兢。我会勤勉在位，光显祖考于上，照临臣民于下。四章之乱曰：光明伟大啊，皇天之功绩！白天观察太阳效仿，晚上观察星辰学习。每天罗纳有罪之人，举正不安分之人，这是合乎法度②。

李守奎先生的译文以成王作为四启部分作者③。这与李学勤先生认为四启是周公所作的观点不同④。这里需要说明的是，尽管关于四

---

① 此释文采用了整理者的最初版本，见李学勤主编，《清华大学藏战国竹简》（三），第133页。

② 李守奎，《〈周公之琴舞〉补释》，载中国文化遗产研究院编：《出土文献研究》（第十一辑），上海：中西书局，2012年，第17页。

③ 李守奎先生认为"'孺子王矣'在《周书》中是周公劝诫成王的习惯用语，据此曾怀疑启与乱是君臣唱和关系，但第六章启之首句'其余冲人，服在清庙'显然是成王自称，启不可能是周公之诗"，并在此基础上认为四启的主旨"是成王进一步表态，即位勤政，不敢荒宁，仰观日月星辰，效法天之光明，惩治罪恶，致天下太平"，参见李守奎，《〈周公之琴舞〉补释》，第15—17页。

④ 李学勤先生最早在《文物》上发表文章认为《周公之琴舞》组诗中各篇"有的是王的口气，有的却是朝臣的口气"，并根据《尚书·立政》与《周公之琴舞》四启部分都有"孺子王矣"一句，认为"由此足知这篇诗实际原在周公所作之中"，参见李学勤，《新整理清华简六种概述》，载《文物》2012年第8期。此后，李先生又撰文进一步推想出组成《周公之琴舞》组诗的10篇诗中，具体有哪5首是周公所作，哪5首是成 （转下页）

启的作者问题存在不同观点，但这并不会对准确理解其文义造成混淆与影响，理由如下：如果认为四启部分是周公所作，则此篇是以周公劝诫成王的口吻行文；如果认为该部分是成王所作，则可看成是成王自做之作。因此，参照整理者的释文，充分考虑不同的作者立场对理解四启文义可能带来的影响，在李守奎先生所做的串讲式译文的基础上，我们可以从较为客观的立场上归纳出此首诗的主旨：继位者应该效法皇天之功与先王业绩，勤勉谨慎，光显其功业于天上与地下。

然而，在这样的行文主旨背景下，由于整理者将全诗最后一句话"日内皋蜃不寙，是隹尾"释读为"日内（入）皋蜃（举）不寙（宁），是隹（惟）尾（宅）"，并对最后一个字"尾"的释读除了正式释文中所给出的"宅"以外，又给出读为"度"与读为"引"两种可能①。这就引发了学术界对"日内皋蜃不寙，是隹尾"这句话的释读出现了不同的观点。而结合整首诗的大意综合分析发现，这些不同释读观点都难以同全诗的主旨相契合。下面我们就对这些不同释读观点存在的问题进行逐个解析。

李守奎先生在总体上接受了整理者的释文，只是在断句上有所修改，将原来的断句"日内（入）皋蜃（举）不寙（宁），是隹（惟）尾（宅）"修改为"日内（入）皋，蜃（举）不寙（宁），是隹（惟）尾（宅）"，但是在对此句话释义时则采纳了整理者给出的第二种意见，"读为'度'"，从而将此句释义为"每天罗纳有罪之人，举正不安分之人，这是合乎法度"②。这一释文明显与全文浓厚的"昼夜思虑如何效法皇天与承嗣先祖，光显其事业于天上地下"之形而上层面的文气不相协调：此句之前的所有文字都是在逻辑思辨的层

---

（接上页）王所作，并再次确认四启部分"无疑是周公作的一篇"，参见李学勤，《论清华简〈周公之琴舞〉的结构》，载《深圳大学学报》（人文社会科学版），2013 年第 1 期。

① 李学勤主编，《清华大学藏战国竹简》（三），第 139 页。

② 李守奎，《〈周公之琴舞〉补释》，17 页。

面上讨论皇天之神圣、先王之伟大，以及继位者立志勤勉，继承与发扬先王之功；行文至此，作为通常具有总结性质的全篇最后一句话却突然发生了转折，转向谈论非天子职责所在的抓捕罪人、监察不安分者等琐碎的行政事务层面的问题。这样就使本来该承担总结、升华全文功能的结尾句，从文义上与全文形成了明显的龃龉与反差。李守奎先生也在某种程度上发现了这一问题，但是又进行了圆融式的解释："'日入罪，举不宁'的释读似显突兀，但结合周初天下汹汹，尚未安定的实际情况，惩治不服是其迫切需要。章尾之字隶作有'尼'、'忎'、'引'等多种思考，读为'度'，也仅是一种假设，尚待进一步研究。"①

还有学者将此句释读为："日入皋（次），蠿（夜）不宁，是维度"，并据此认为："'日入皋，蠿不宁'当即《易传》'天行健'之意。'尼'当以读'度'为是，这里的'度'，是对于天象的度的引申理解，即对应于上句的'昼之在视日，夜之在视辰'。"② 这一观点汲取了楚简训诂的前沿成果，但在个别文句解读与整篇诗义协调匹配方面尚需仔细斟酌③。作为全诗之乱的部分，共有三句话："朓（遹）亓（其）爂（显）思，皇天之红（功）④。昼之才（在）见（视）日，夜之才（在）见（视）晨（辰）。日内（入）皋蠿（举）不盗（宁），是隹（惟）尼（宅）"。第一句在歌颂皇天之功。第二句说日夜观察与

---

①李守奎，《〈周公之琴舞〉补释》，16 页。

②子居，《清华简〈周公之琴舞〉解析》，载《学灯》（第二十九期），www. jianbo. org/ showarticle. asp？articleid＝2007。

③释"夜"为"举"是裘锡圭先生近年的新观点，最新表述见裘锡圭，《说"夜爵"》，载李学勤主编，《出土文献》第二辑，上海：中西书局，2011 年。需要注意的是，裘先生在文后的"附记"中又指出："楚简一般以从'止''与'声之字为'举'，偶尔又用'夜'字为'举'，是完全可能的。"因此，我们在引用这一成果时要注意其通假的偶然性。训诂学的结论有的是普适性的，有的是特例性的，因此在具体应用中要结合具体文本加以认真分析，慎重使用，避免出现文字学意义上是正确的，但在文本解读中则可能不正确的现象。

④关于此处的标点，整理者最初所做释文为逗号，本文根据全诗结构与文义特点，认为改为句号较好，这样一来，四启之乱就由三句话组成。

效法太阳与星辰，隐含着学习其运行规律之义。从皇天之功到太阳星辰，诗人的论述不断趋向具体意象。按照这样的行文逻辑，第三句的表述会更加具体地落实到现实政治生活中的具体行为方式上，而不会继续讨论"对天象的理解"。否则构成全诗之乱的三句话都在空泛地讨论天象，既与本诗前面启的部分割裂开来，又与《周公之琴舞》整体叙事内容相违背。因为《周公之琴舞》组诗是"以周公还政、成王嗣位为其内容"①，所以其论述的重心最后一定是落实在对具体政治行为的传承与承诺上。通过对《周公之琴舞》全文结构的仔细分析，可以发现其行文逻辑特点：通过称颂皇天之功，追述先祖事迹，来说明嗣王要如何继承先王事业。在这样的行文逻辑背景下，根据"昼之在视日，夜之在视辰"释"尾"为"天象度的引申理解"，使本来应该承担总结与传承历史经验任务的结尾句，却突兀地转向谈论天象问题，显然是偏离既有行文逻辑，从而与整篇诗意宗旨不相协调。

总之，就现有研究成果来看，学者们做出了多方面的努力探索，但是都未能对"日内皋翼不窳，是隹尾"一句做出较为贴切的解答。

## 二、"日内皋翼不窳，是隹尾"疏证

古书中出现某一句话与全文不相协调通常有二种可能：其一，错简现象；其二，对古文字的释读与训诂不准确。据整理者介绍："《周公之琴舞》共十七支简，其中除十五号简残缺了近半，其余都保存完好。篇尾留白，有结尾符号。简背有编号"②。据此，错简现象就基本可以排除。因而，我们接下来从古文字的释读与训诂方面重新思考解决问题的方向。

首先，我们先来看原简文字：

①李学勤，《新整理清华简六种概述》。
②李学勤主编，《清华大学藏战国竹简》（三），第 132 页。

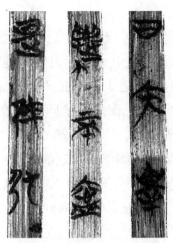

通过对原简的仔细审读，我们发现竹简九个字的字形都很清晰，整理者隶定为"日内皋蠿不宜，是佳尾，其中前八个字的字形基本没有疑问，只有第九个字"尾"的隶定，在现有的甲骨文、金文及简帛文字中尚未找到较准确的隶定用例。因此，下面结合《周公之琴舞》"四启"部分的全文主旨，对整理者隶定后的前八个字中与准确理解整句关系密切的关键文字的训诂进行重新思考，对第九个字"尾"的隶定加以新的考证，在此基础上，对"日内皋蠿不宜，是佳尾"进行重新释读。

（一）先看"日内皋蠿不宜"

整理者言："入，《广雅·释诂三》：'得也。'蠿，读为'举'。《吕氏春秋·自知》'所以举过也'，高诱注：'举犹正也。'宁，《尔雅·释诂》：'安也'。"① 因而，整理者释读并断句为"日内（入）皋蠿（举）不宜（宁）"②。李守奎先生后来进行了重新断句"日内（入）罪，蠿（举）不宜（宁）"③。本文在采纳李守奎先生断句的基础上，对其中关键字的训诂进行重新思考。

①李学勤主编，《清华大学藏战国竹简》（三），第139页。
②李学勤主编，《清华大学藏战国竹简》（三），第133页。
③李守奎，《〈周公之琴舞〉补释》，第16页。

1. "内"

整理者释"内"为"入"。这一释义所定下的基调引导了对整句话下文其他关键字的训解逐渐走上与"四启"其他部分格格不入的轨迹，最后得出了"每天罗纳有罪之人，举正不安分之人，这是合乎法度"的突兀结论。为解决这一文义前后龃龉问题，根据四启全文"昼夜思虑、继往开来"的行文主旨，本文另释"内"为"内心"。《大戴礼记·文王官人》："察其内以揆其外"王聘珍解诂"内，心"；《大戴礼记·曾子事父母》："养之内，不养于外"，王聘珍解诂"内谓心，外谓貌"；《礼记·杂记下》："兄弟之丧内除"，孔颖达疏"内，心也"；《礼记·礼器》："无节于内者"，孔颖达疏"内，犹心也"；《易·坤》："君子敬以直内"，孔颖达疏"内，谓心也"。这样就从"内"字自身义项中得到了符合全文的释义，就不必另释为"入"字。

2. "辠"

整理者没有给出专门的训释，李守奎先生的译文则是读如"罪"字。《说文》："罪，捕鱼竹网。从网、非。秦以罪为辠字。"段玉裁注："本形声之字，始皇改为会意字……《文字音义》云：始皇以罪字似皇，乃改为罪。按经典多出秦后，故皆作罪。罪之本义少见于竹帛。"

根据"四启"全文的行文主旨，这里的"辠"应训为"罪"。下面对其释义略加说明。《左传》庄公十一年："禹、汤罪己，其兴也悖焉；桀、纣罪人，其亡也忽焉。"这段话开启后世君主在危难之际，下"罪己"之诏的先河。此处的"罪"是"归罪"之义，可引申为"反省"。结合四启文义，及"日内罪"的具体语言环境，本文将"罪"读为"罪"，取其"罪己"、"反省"之义，则"日内罪"可释为"每日内心反省"。

3. "畢"

整理者认为："'畢'读为'举'。《吕氏春秋·自知》'所以举过也'，高诱注：'举'犹正也。'"[1] 整理者的这一训释是顺应上文把

---

[1] 李学勤主编，《清华大学藏战国竹简》（三），第139页。

"内（入）皋"解释为"罗纳罪人"，循此逻辑，接下来把"蠿（举）不宓（宁）"解释为："举正不安分者"，就是自然结果。

本文从全诗结尾句与全诗主旨协调的角度，释"蠿"为"举"为"居"，意为"居处"。首先，释"蠿"为"举"，已经被大量新出土简帛材料所证明，裘锡圭先生做了较全面总结："楚简一般以从'止''与'声之字为举。"①（参看李守奎《楚文字编》第85—86页，华东师范大学出版社，2003年；滕壬生《楚系简帛文字编》增订本第132—134页，湖北教育出版社，2008年；李守奎等《上海博物馆藏战国楚竹书（一—五）文字编》第72—73页，作家出版社2007年）"蠿"则在"蠿"字下部另加了一个义符"虫"，并不影响整个字的声韵关系，因此清华简的整理者将其释为"举"是准确的。其次，"举"、"居"均见母鱼部字，二字双声叠韵，故可通假，且有如下两条文献例证：《读书杂志·荀子第二·非相》"居错"，王念孙按："《司马相如传》：'族举递奏'，《汉书》'举'作'居'；《书》大传：'举事力者'，《韩诗外传》：'举'作'居'"②。根据上述两点，结合全诗主旨，本文释"蠿"为"居"。

综上所述，结合四启全诗的行文内在逻辑，通过对"内"、"皋"、"蠿"重新训诂，最后将"日内（入）皋蠿（举）不宓（宁）"重新断句并释读为："日内皋（罪），蠿（居）不宓（宁）"，其义为："每日内心不安，居处不宁"。

（二）再看"是隹尾"

对这句话正确理解的关键在于对"尾"字的准确隶定与正确理解。整理者将"尾"隶定为"尾"，通过前文所举的原简图片来看，字形隶定较为准确，因此问题的关键在于对其释义的准确理解。整理报告认为："尾，从尸，毛声，疑即'仛'字，读为'宅'，《礼记·郊特牲》疏：'安也。'或读为'度'，法度。或疑字当释'引'，义为延续长

①裘锡圭，《说"夜爵"》。
②参见冯其庸、邓安生，《通假字汇释》，北京：北京大学出版社，2006年，第296页。

久。"① 这说明整理者在作释文的时候，有三种考虑：其一，释为"尾"，从尸，毛声，疑即'任'字，读为"宅"；其二，释为"度"，义为法度；其三，释为"引"，义为延续长久。但最后在正式释文中则采用"尾（宅）"②，即释为"尾"，读为"宅"。

如前所举，李守奎先生和子居先生都与整理者读为"宅"不同，两人都采纳了整理者给出的第二种释读意见，即释为"尾"，读为"度"。如前所述，两位先生所作的释义都不能与全诗文义紧密契合。因此，本文根据四启整篇文义在于"继承先王传统，兢兢业业，光显于上下"，结合对"死"字的字形重新考察，认为采用整理者所做的第三种释读设想，即"疑字当释'引'，义为延续长久"较为恰当。论证如下：

首先，引字的这一用法，有如下文献用例：其一，《后汉书·班固传》"固又作典引篇"，李贤注"引，犹续也"；其二，《方言》卷十二"考，引也"，钱绎笺疏"引之言延也"。

其次，释"死"为"引"还可以从文字学角度略加说明。宋宣和五年（1123）出土于青州临淄县（今淄博市临淄区）齐故城的叔尸钟，其铭文中的引字写作"彡"③，这一字形与"死"字的字形较为接近，且叔尸钟铸造于"春秋晚期的齐灵公时期"，在年代上也较接近于战国楚简，所以叔尸钟的金文"彡"字在向战国文字演变过程中，或许为了字形的标准化，而发展成为竹简的"死"字④。如上所述，综合考虑《周公之琴舞》四启部分的行文宗旨，结合传世文献根据及古文字演变规律，本文

---

① 李学勤主编，《清华大学藏战国竹简》（三），第 139 页。
② 李学勤主编，《清华大学藏战国竹简》（三），第 133 页。
③ 中国社会科学院考古研究所：《殷周金文集成》0272，北京：中华书局，1984 处，第 303 页。
④ 近年出土的大量战国简帛文字从字形上与商周金文相比较，显示出明显的标准化特点，无论从字形的尺寸相对统一，还是从单字内部构字偏旁的比例相对协调等方面，简帛文字都要比金文整齐、规范得多。这可以为我们研究商周甲金文字与战国简帛文字之间的字形嬗变特点提供一个参考视角。

试释"𢒉"为"引"，义为"延续（先祖的功业）"①。在此基础上，本文另释"是隹尾"为"是隹尾（引）"，义为"以此延续（先祖的功业）。

综上，本文把"日内皐矍不盝，是隹尾"重新断句并释读为"日内皐（罪），矍（居）不盝（宁），是隹尾（引）"；其义为："每日内心反省，居处不宁，以此来延续（先祖的功业）。"

## 三、余论

根据李守奎先生的研究，清华简《周公之琴舞》"四启"部分的诗义与今本《周颂·昊天有成命》近似②。因此，《周颂·昊天有成命》也可以当作本文对"日内罪矍不盝，是隹尾"加以重新考释与解读的传世文本佐证。从《周颂·昊天有成命》的诗义上看，主要是劝诫成王要继承先王精神，日夜警戒。全诗没有关于"惩恶防患"之文辞，也没有与此相关的隐喻，同时也没有抽象讨论天象问题③。这也从传世文献的角度佐证了本文将"日内皐矍不盝，是隹尾"释读为"日内皐（罪），矍（居）不盝（宁），是隹尾（引）"的合理性。

（原载《简帛研究》2015 年春之卷）

---

① 本文释"尾"为"引"是采纳整理者的原始释义给出的一种可能性，并从文献学与文字学角度给出了初步的例证。需要进一步说明的是，1977 年《考古》第 5 期刊发了于豪亮先生《说"引"字》一文，根据云梦睡虎地秦简和长沙马王堆帛书中的"引"字，将以往甲金文中释为"弘"的字改释为"引"，使长期困扰大家的一些甲骨文与金文铭文的释读难题得到解决。于先生采用的思路，正是从古文字历史演变的角度，由简帛文字反推甲骨、金文的方法。本文则采取了正常的从甲骨、金文到简帛文字的推导研究。然而，本文释"尾"为"引"，从文字学上尚只有叔尸钟铭文一条例证，然后辅以文献学例证。待日后有更多的新出土资料的发现，笔者拟写专文对竹简"尾"字的释读做进一步讨论。

② 李守奎，《〈周公之琴舞〉补释》，第 17 页。

③ 附《周颂·昊天有成命》："昊天有成命，二后受之。成王不敢康，夙夜基命宥密。於缉熙，单厥心，肆其靖之。"

# 汉字文化研究的新开拓

汉字作为中国文化的载体，由于文字学的形成而具有了学科属性。文字学在中国传统学术分工中同音韵学、训诂学同属于"小学"类，是阅读以经史子集为代表的经典著作的工具性学科之一。古人读书是非常重视小学基础的，正如张之洞在《书目答问·附二国朝著述诸家姓名略》中所说："由小学入经学者，其经学可信；由经学入史学者，其史学可信；由经学史学入理学者，其理学可信；以经学史学兼词章者，其词章有用。以经学史学兼经济者，其经济成就远大"。这是传统学术思维模式下对小学的代表性观点，就是把其当作治学的工具和基础。如果说文字学的产生，是汉字第一次被系统地加以学科化研究的成果，那么汉字文化学的提出就是在此基础上，对汉字学科化研究进一步深化与拓展的又一个新成果，而新近出版的《汉字文化大观》（何九盈、胡双宝、张猛主编，人民教育出版社，2010 年版）正是这一轮新成果的全面总结。

综观《汉字文化大观》全书，其特点正如前言中的《汉字文化学简论》所言"是一部兼有学术研究和工具书作用的雅俗共赏的读物，力图吸收最新研究成果，系统地、科学地展示汉字的文化功能、价值及其在文化史上的崇高地位。"

我们先从工具书的特点来对本书做一下分析与解读。全书共分十六章。这十六章内容合而观之，从汉字的起源、发展、演变及其特点，到其规范、研究与应用，进而扩展到汉字与民族文化、历史传统、意识形态、风土民俗、衣食住行以及海外传播，都进行了系统的归纳与总结。因此，有关汉字的知识该书都搜罗殆尽，蔚为大观。我们在平时的阅读与学术研究过程中，若遇到有关汉字方面的问题，在这里大多能够按图索骥，找到需要解答的知识点。如果我们把全书的十六章分而观之，则可以有不同的分类编排的方法，以利于我们从学理逻辑上更好地掌握全书带给我们的汉字文化学知识内在思想线索。这里略示二例，以期对大家更好地理解和利用本书有所帮助。首先，我们可以从二个大的专题来分别理解本书的内在结构，那就是本书可以分为两个不同的层次：从第一章到第七章为一个相对独立的专题，其内容主要是关于汉字自身的形成与发展的学术发展史研究；从第八章到第十六章是又一个相对独立的专题，其内容主要是关于汉字与其他文化的关系。这一区分，在本书后面的《原则与思考》一文中，也做了详细的说明。其次，我们在这里可以提供另一个阅读本书的思路，那就是专题研究的思路。本书的十六章，就是十六个专题。这十六个专题共同构成了本书的完整内容，同时每一个专题又可以独立地看作是对汉字文化学中某一项专门知识的集中介绍。因此，当我们在学习与工作中，需要对某一特定的汉字问题进行全面而又深入研究的时候，我们就可以找到相应的专题，进行集中阅读。本书全面而充足的信息量，可以保证我们在较集中的时间内全面充分地把握所需要的知识。

从学术研究著作的属性来看，本书是在继承传统汉字学研究成果的基础上，结合近代以来由现代化所带来的学术变迁所催生的一门新生学科——汉字文化学的奠基之作。汉字文化学作为一门新的学科，其普及与认知程度相对较低，因此本书的编写将对促进这一学科的发展与成长起到重要的推动和促进作用。从这一意义上讲，本书也可谓汉字学发展中的推陈出新之作：一方面，它继承了传统文字学的传统，另一方面，它又结合新的历史要求对传统的文字学进行了开拓与更新。那么如何能够更好地从学术思想史的角度对本书的学术思路有清晰的把握呢？我们认为首先要对书中《汉字文化学简论》一文中所提出的汉字文化发展三阶段说有所了解：即汉字的发展分为崇拜阶段（汉字产生至近代清末西方文化强势入华）、否定阶段（清末至改革开放初期）和多维反思阶段（改革开放初期至今）。这一阶段性的划分，是对汉字自身的学术化发展历程进行了一个简单的历史断代，这样更有利于我们做进一步的学术研究。窃以为社会科学的学术演进大致遵循：史料—历史—思想（文化）的逻辑深入的发展过程。用这一思路，来解释一下汉字学术化发展进程，大致为：汉字—文字学（传统的）—汉字文化学。由这样一个粗浅的三段模式的构拟，大家就可以更加直观形象地理解汉字文化学产生的学术思想史意义所在。这也正是本书的学术价值所在。这也是为什么编撰者在书后的跋语中要说明探讨汉字的文化学意义是本书的重点的原因之所在了。因为，汉字与文化的关系是汉字学的前沿，汉字文化学是汉字学研究领域的新开拓。

正因为汉字文化学是汉字学研究的新领域，所以有关这一学科的一些基础性问题首先需要加以清晰的界定。在这一方面，《汉字文化大观》一书筚路蓝缕，对一些基础性问题做出了准确和恰当的回答。但是，因为汉字文化学是一门只有近30年历史的新兴学科，所以对《汉字文化大观》所确立的学科理论框架的普及与形成高度的共识，尚需做大量的深入论证与宣传工作。因此，我们这里在《汉字文化大观》成果的基础上，结合哲学方法论的前沿问题，对几个基础性的问题加以探讨，以求从方法论的角度对已经取得的成果加以巩固与完善，以期为汉字文化学这一学科的发展与成熟，略尽绵薄之努力。

首先，汉字文化学产生的时代背景及其学术思想史意义，是我们第一个要辨明的基础性问题。换言之，这是这一门学科产生的意义之所在，即这门学科产生的历史合理性，或者更为学究式的说法是历史合法性问题。任何一门学科，只有符合了历史的需求，才是其存在的首要基础。关于这一问题，本书通过对汉字学术发展史的梳理，最后提出了一个"时来运转"说。就汉字学术发展史的宏观视角来看，这无疑是一个准确的总结。而对于这一"时来运转"的原因，在全书不同的专题中都有所描述。其中有一个视点的把握是较为敏锐的，那就是当我们分析汉字在近代被否定的声音所笼罩时，往往认为这是与西方文字比较而显示出的弱势结果。而对于改革开放以后，汉字时来运转的关键性事件进行了历史记录，也在其后的相关论述中，涉及到了汉字复兴与中国经济社会复兴的关系问题。这些都是符合历史事实的判断。如果要进一步加以抽象概括的话，汉字文化学的产生是在上述两个历史原因的基础上，适应了现代化进程中的社会科学研究方式的转型的必然结果。我们现在的社会发展正在经历着西方也曾经历过的现代化之路，因此在社会科学领域也必将由传统学术模式向现代学术模式转型。这是不以东西方为转移的一个历史规律。有了这一思路，我们就会超越原来在中西比较的思维定势，在方法论上提高到一个新的层次。正是在这一思路下，我们为汉字文化学的产生提供一个西方学术现代化的一个可供参考的例证，那就是西方哲学的"语言学转向"。19世纪和20世纪之交，西方理论科学面临着科学发展所引发的现代化的挑战。这一挑战的焦点是科学思维下的实证主义对传统的逻辑思辨方式的挑战。在科学主义者看来，一切不能用实验加以证实的东西都是无价值的、无意义的。然而，以哲学为代表的理论科学毕竟不能被减化为实验室中的元素与材料。为了解决这一困境，哲学家发现语言的意义存在于事实、思想和语言之间，它既不属于物理世界，也不属于心理世界。所以，通过语言分析，哲学又重新进入传统哲学的各个领域，从而迈出了向现代哲学的成功转向的第一步。哲学是社会科学的基础，其成功经验必将影响到其他学科的现代转型。从这一角度分析，汉字文化学的产生既是时来运转，也是应运而生，应现代化之时运而产生的必然结果。

其次，文化的格义与汉字文化学的发展方向也是我们不能回避的另一个重要问题。既然汉字文化学是一门新学科，就必然面临着如何把握其中的关键词"文化"的问题。正如本书《汉字文化学简论》中所举，西方学术界对文化的定义多达164种。那么，我们怎么取舍就成为一个重要的问题。本书的观点是将文化概括为四个方面：物质文化、精神文化、社会文化和语言文化。同时将汉字文化学界定为"以汉字为核心的多边缘交叉学科。……一是阐明自身的文化意义；二是探讨汉字与中国文化的关系。"我们认为，这一处理的分寸得当，界域清晰，当作为一个基础性的理论框架加以明确下来。同时，为了防止此后的学术探讨靡费笔墨，再从学理上对这一工作加以论证。对于如何处理文化一词的定义，实际上面临的是中西比较与格义的问题。在这一问题上，长期存在着以西释中，还是以中释西的问题。近代历史的事实证明，大多数情况下我们实际上是在走着以西释中的路线，近年来哲学界方法论反思的热点问题之一"反向格义"，就是对这一现象的反省。那么，我们该如何纠正近代以来"反向格义"的学术习惯上的下意识呢？这就要有一个清醒的理论意识。"反向格义"不对，再走所谓"中国学术主导世界"的"正向格义"同样也会是另一种偏颇。在东西方现代化脚步基本同行的前提下，正如本书所做的那样，结合两种文化思维的不同特点，以时代的公约性为尺度，"双向格义"，最终解决好某一学科的普适性的现代化之路将是一个康庄大道。我想，这也是汉字文化学的一条重要的成功经验。

我们在介绍《汉字文化大观》的同时，对该书所涉及的一些基础性的问题也进行了相应的探讨。虽然我们所探讨的问题是一些非常基础的常见问题，但是由于汉字文化学的新学科属性，所以这些基础性的问题实际上也就是关系到这一学科确立与成熟的前沿性问题。因此我们这种结合《汉字文化大观》现有成果而进行的对话式探讨，若能引领读者诸君在阅读本书的时候，也能够主动与书中的专家学者共同进行有关这一新生学科中尚待深入研究与廓清界域的问题进行对话，从而使阅读与学习的过程转换成动态的学术求索活动，那么编写与赏读的过程将殊途同归，都为更好地推动与促进汉字文化学的发展做出了贡献。

（本文原以《汉字文化学的奠基之作——评〈汉字文化大观〉》
为题目，发表于《中国出版》2011 年第 4 期）

文物与文化遗产

# 祭祀：敬畏传统的失魂落魄之忧

2005 年 9 月 28 日，在孔子的诞辰，"2005 全球联合祭孔"活动在主会场曲阜以及上海、浙江、云南、甘肃、中国香港、中国台北和韩国汉城、日本足利、新加坡、美国旧金山、德国科隆等地隆重举行。这次活动是由联合国科教文组织、国际儒学联合会、中华民族文化促进会、国家旅游局等单位共同主办的。这是全球首次联合祭孔，也是中华人民共和国成立后首次由官方举办的公祭孔子活动。各路媒体对海内外的祭孔活动进行了充分报道，中央电视台更是以曲阜孔庙为主现场，进行了近 3 个小时的直播。全球联合祭孔就这样吸引了全世界无数的目光，祭祀，一时间也成为热门话题。人们或赞赏，或反对，议论纷纭，莫衷一是。

祭祀蕴含着中华文明的诸多要义，仪式背后有礼仪之邦的民德归厚，也有天人合一的和谐共处，数千年来内化为传统文化的核心部分。近代以来中华民族因落后而对传统文化产生怀疑，承载着精神信仰的祭祀传统被时代潮流涤荡殆尽，中国人在传统与现代的裂变中几乎丧魂落魄。如今回归传统的呼声之中，祭祀却仍然面临着尴尬的命运。

## 尴尬的精神遗产

祭祀的起源，与古人对自然的敬畏是分不开的。上古时代，人类对自然界的变化无法理解，认为冥冥中有神主宰着宇宙间的万事万物，于是通过礼敬日月星辰、山川河流，乃至各种动植物来祈福避祸，求得与自然和谐共处。其后随着先民对自然力认识的深化，这种对万物的崇拜遂演变为敬天祀祖的原始宗教观念。这种观念在现实生活中的信仰仪式化，就是祭祀：祭天地山川，祭祖先神灵。随着人类社会和思想观念的发展，祭祀的内涵也不断丰富发展，所担负的功能也不断延伸，在社会生活的诸多层面发挥着独特作用——通过沟通人神关系，最终调节社会人际关系。在精神层面，祭祀借助人神交往，使个体增强信念、获得慰藉；在社会层面，祭祀者可以通过仪式明确身份和地位，借此调动群体情感，稳定社会结构。由此，祭祀也成为国家礼制的重中之重。

先秦时代，"国之大事，在祀与戎"，祭祀是与战争并重的国家头等大事。秦汉以降以至明清，无论帝王将相，还是平民百姓，祭祀都是生活中不可或缺的重要组成部分，没有祭祀的生活，简直是不可想象的。在长期的生活实践中，祭祀内化为中国传统文化的核心部分之一。20世纪后，在中西文化的交流与碰撞中，尤其是1919年五四新文化运动打倒"孔家店"以来，中国的传统文化被政治化为封建与落后的代名词，祭祀被视为愚昧的象征仪式，自然也在时代急流的冲击之下，几近湮没。时至今日，文化环境虽然有所宽松，但随着传统的信仰和家庭结构基础日渐消解，祭祀面对的，是尴尬与无奈，逝者如斯而又去国未远，恍若隔世却又别梦依稀。在当代社会，祭祀究竟是理应被现代化潮流荡涤的封建迷信糟粕，还是当年五四激情主义者中某一派所谓的"倒洗澡水的同时而倒掉的孩子"呢？祭祀，该何去何从？

## 祭祀 VS 迷信

当年的激越与高歌猛进，是出于炽烈的救国热情，本无可厚非。而时过境迁，当历史的车轮重归于正常节奏之后痛定思痛，我们发现在救亡压倒启蒙的模式下，中国人对中国传统文化却有了太多误解，有的甚至已经形成了先入为主的成见。值得庆幸的是，历经山重水复，我们也逐渐开始了理性的回归。从 20 世纪 80 年代的文化热到当前正在兴起的传统文化再思考潮流，越来越多的人开始重新认识中国文化的现代价值。

之所以有"祭祀就等于封建迷信"的判断，与其作为传统信仰的仪式直接相关，此外与祭祀的精神功能也是分不开的。祭祀常常通过烧香、礼拜等仪式进行，很容易让人把它和封建迷信画上等号。人们在现实生活中遭遇困境时，祭祀能够提供精神慰藉，同样也给人以逃避现实、趋向封建迷信的诱导。而近年见诸报端的一些不文明的祭祀行为，更强化了这种认识。

例如清明节本是一个祭奠逝去的亲人和先祖的传统节日，这个节日更重要的内涵是通过对先人的缅怀和敬仰，熏陶和影响在世之人，最终完成对世人价值观的重新评判。可是最近几年以来，无论在现代化的大都市，还是落后的农村地区，清明这天都会上演一幕幕可笑的"闹剧"，随后又成为大小报刊的热点话题以及人们茶余饭后的谈资。据报道，有人为了"斗富"，把真的人民币当作祭品烧掉；而在有的偏僻贫穷山区，为了修建祠堂不惜拆掉学校。所以，那么多人把祭祀等同于封建迷信并主张破除这一陋习，就不足为怪了。

种种现象一方面说明祭祀很容易沦于封建迷信的尴尬境地，另一方面更反映出祭祀与封建迷信决裂的艰难。其实，让祭祀与封建迷信划清界限，已是老生常谈，并且早就有人开出了药方——挖掘祭祀的文化内涵，让祭祀中的文化因子对现代社会的启示得以展现，会使我们走出将其视为迷信的成见误区。

## 走出文化作秀的狭隘思维

如今的祭祀，呈现出冷热交加的局面。冷，是民间家祭的冷清；热，是旅游地区的热闹。这一冷一热的巨大反差，折射出现今祭祀的另一尴尬——为了招徕游客而作秀。

时下，有关祭祀的话题频频见诸报端，除了祭祀黄帝、炎帝、伏羲，还有某民族某景点"推出"某仿古祭祀仪式。稍作排比就会发现，祭祀的话题常常是与所谓的旅游文化紧密相联。

近几年旅游业日益发达，许多地方的旅游部门为了招揽游客绞尽脑汁，争打"旅游文化牌"。《南方周末》刊登的《祭可祭，非常祭》一文，曾对此一针见血："抬出老祖宗，点燃香火，'文化搭台，旅游唱戏'的祭祖活动如同前几年流行的'招商引资会'、'经贸洽谈会'、'投资项目和投资环境介绍会'或是某些'论坛'一样，互相学习，互相模仿，争先恐后，渐成时髦。"祭祀从产生那天起，其灵魂就在于所承载的文化内涵。撇开了祭祀的文化内涵，只剩下带有神秘色彩的仪式的祭祀，就只能如一个千年古尸在现代社会的复祟。

其实，这么做的后果远不止亵渎老祖宗这么简单。当越来越多的祭祀只停留在旅游的层面而脱离日常生活的时候，我们的祭祀，这个承载了古人信仰和寄托的精神遗产，难道真的就只能退出历史舞台？实际上，祭祀赖以生存的土壤，远比我们想象中的更为丰厚。看看散布在我国各地、融入现代生活的民间家族祭祀，我们能简单地说都是封建迷信使然，或者说他们是在有意识地保持祭祀文化的传承？同样，许多海外华裔万里迢迢赶来祭祀黄帝陵，若非深沉的民族情感和爱国热忱，难道他们此行出于封建迷信的动机？针对当前我国祭祀文化的生存现状，我们认为，仪式下的文化灵魂以及对现实的意义，要远远重于仪式本身。

## 文化认同：找寻内心深处的精神信仰

祭祀说到底是信仰问题，也是文化问题。我国祭祀的核心内容是祭天祀祖。某种意义上讲，中国文化由人生修养开始，由内而外，推己及人，修身、齐家、治国、平天下——个人修养最终与终极信仰合一，而敬天崇祖成为贯穿这一过程最恰当的仪式。所以，祭祀，无论是官方的公祭，还是民间的私祭（即家祭），都蕴涵着我国传统信仰和文化的内在精神。而在当代社会，曾被视为家国天下大事的祭祀，随着社会的转型和传统家庭结构的瓦解，正在普遍衰亡。表面上看是祭祀仪式消失了，但深层原因，则是传统信仰和文化在当代的境遇使然。

几经沉浮重归理性之后，传统文化回归的呼声渐起。2005 年以来，全球首次联合祭孔、中国先秦史学会祭祀舜帝等文化事件不绝于耳，传统文化与祭祀之间的内在关联，就这样或隐或现。其实，我国港澳台地区祭祀的现状，已经给我们展示了祭祀在现代社会的前景。连战与宋楚瑜访问大陆时祭祀黄帝陵，对我们的启示意义非同一般——祭祀黄帝，是中华历史文化认同的重要标志。1937 年为了团结抗日，国民政府、中国国民党和中国共产党亦曾分别委派张继、顾祝同、林伯渠三人于清明同祭黄帝陵。

而我们的邻邦韩国和日本更是给我们上了生动的一课。同属儒家文化圈，同样有落后挨打的惨痛经历，日韩在现代化的进程中，却做出了和我国截然不同的选择，很好地保留了祭祀传统。在他们看来，祭祀不是关乎仪式和具体细节的小事，而是涉及文化传承的大问题。在日本和韩国，不同的民俗节日都要举行不同的祭祀活动，这些祭祀活动已经成为强化文化认同、加强民族合力的一种有效手段。

祭祀蕴含着中华文化的诸多要义，在仪式背后，有礼仪之邦的民德归厚，也有天人合一的和谐共处。许多有识之士大声疾呼恢复祭祀传统，实际上是希望藉此恢复我们内心深处的精神信仰，找回我们民族文化的魂魄。

（原载《中华遗产》2006 年第 1 期）

# 世界遗产工作的理论总结
# 与年鉴编撰体系的新发展

　　世界遗产最初是指列入联合国教科文组织《世界遗产名录》的人类文明的结晶和大自然的造化，是有形的物质遗产；联合国教科文组织《人类口头和非物质遗产代表作名录》项目启动后，世界遗产又包括列入《人类口头和非物质遗产代表作名录》的无形遗产。世界遗产项目是联合国教科文组织为保护和改善日益遭到破坏的人类生存的自然环境和人文历史环境而倡导并发起的国际活动。自 1972 年联合国教科文组织第 17 届大会通过《保护世界文化与自然遗产公约》（简称《世界遗产公约》）以来，世界遗产越来越频繁地出现在社会生活中，全球逐渐兴起一股世界遗产热。世界遗产因其丰富的历史文化内涵，对各国的政治、经济、文化产生了积极的作用，世界遗产工作甚至不同程度地带动了当地社会综合文明素质的提升，增强了民族的自豪感、自信心和凝聚力。

　　2004 年 6 月 28 日至 7 月 7 日，联合国教科文组织世界遗产委员会第 28 届会议在中国苏州召开，世界的目光再一次聚焦世界遗产，再一次聚焦中国。为祝贺首次在我国召开的这一国际性盛会，《中国世界遗产年鉴 2004》[1] 的首发式也在各方的努力下，在大会期间举行。该书向

---

[1]中国世界遗产年鉴编纂委员会，《中国世界遗产年鉴编》，北京：中华书局，2004 年，第 3 页。

世界展示了中国近二十年世界遗产工作的伟大成就，受到了与会专家学者的充分肯定和高度评价。

《中国世界遗产年鉴 2004》是《中国世界遗产年鉴》的首卷。该年鉴是我国世界遗产行业年鉴，由国家文物局、建设部和中国联合国教科文组织全国委员会组成的中国世界遗产年鉴编纂委员会编撰，中华书局编辑出版。《中国世界遗产年鉴》的编纂宗旨是，响应联合国教科文组织关于保护各类遗产的倡议，全面、系统地反映中华民族的多元文化和各类遗产的全貌，更好地弘扬中华文明，唤起全社会对我国各类遗产的关注和珍惜，推动我国世界遗产的管理和保护工作，从而更好地为我国的精神文明和物质文明建设服务。《中国世界遗产年鉴 2004》是我国第一本世界遗产行业年鉴，其所反映的，是我国从 1985 年至 2003 年 12 月 31 日近二十年世界遗产发展的概貌。根据我国世界遗产工作的总体状况，《中国世界遗产年鉴 2004》分为概述、大事记、特载、专文、文化遗产、自然遗产、文化与自然双重遗产、人类口头和非物质遗产、组织机构、交流与合作、法律法规、人物、附录共十三个类目。各个类目各有侧重，又互相补充，从不同角度反映了我国世界遗产工作的方方面面，全面展现了我国世界遗产的风采。书中收录了大量的一手资料，如标志着我国世界遗产事业开端的第六届全国政协提案，呼吁书、组织机构、法律法规等，资料之全面完备，为前此所无，为研究世界遗产工作准备了文献基础。

该书不仅仅是客观反映我国近二十年世界遗产工作的资料汇编，更是对我国世界遗产事业的全面总结和反思。自 1985 年加入《世界遗产公约》以来，中国世界遗产事业已走过了近二十年的风雨历程，世界遗产工作取得了有目共睹的成绩：至 2004 年 7 月，我国已拥有 30 处世界遗产，其中世界文化遗产 22 处，世界自然遗产 4 处，世界文化与自然遗产 4 处；人类口头和非物质遗产代表作 2 项，拥有数目位居世界第三。世界遗产给我国赢得了无上的荣誉，促进了我国与世界各国的理解和交流，同时也给各遗产地带来了巨大经济效益，促进了当地自然和人文环境的保护和改善。随着世界遗产的综合效应尤其是经济效应的日益显现，我国的"世界遗产热"不断升温，一个又一个地方在酝酿申报世界遗产，公众对世界遗产的关注和热情也日益高涨。但是，在巨大成就的背后，我国世界遗产工作存在的问题和不足也日渐显现。如各国、各地区不同程度存在的"重申报，轻管理；重开发，轻保护"的不良倾向在我国也同样存在，宣传普及工作相对滞后，公众的世界遗产参与和保护意识还很淡薄。而另一方面，随着"遗产热"的不断升温，一些媒体不负责任地报道，引用事实无根据，更是混淆视听，给公众造成了误导。目前，反映我国世界遗产的各种资料往往搀杂着过多的主观性观点，缺乏权威性。我国世界遗产行业的现状，呼唤着权威的世界遗产出版物的出现，以总结世界遗产工作的经验教训，并以科学的理念引导舆论，引导公众积极参与世界遗产事业。

中华书局出版的《中国世界遗产年鉴2004》正填补了我国当前世界遗产工作的这一空白。书中的"概述"《中国世界遗产事业的回顾与展望》①由多年从事世界遗产管理的专家撰写，力求全面、系统、科学地总结世界遗产工作的得失，并以此为立足点，阐述今后世界遗产工作的重点。"专文"以时间为序，收录世界遗产方面的重要论文和科研成果。这一方面客观反映了我国在世界遗产理论和实践进展情况，另一方面是以"述而不作"的方式总结我国的世界遗产工作，为世界遗产的管理提供理论依据。

该书作为世界遗产工具书，以下几个特点：

一、正本清源，对世界遗产的概念和内涵做了准确的界定。从物质形态上看，世界遗产有物质遗产和非物质遗产之分。因此世界遗产可分为四种类型：文化遗产、自然遗产、文化与自然双重遗产、人类口头和非物质遗产。其中文化遗产又包括文化景观。可是当前大多数的媒体和出版物，一提到世界遗产，就仅指物质遗产，即文化遗产、自然遗产、文化和自然双重遗产，而往往遗漏人类口头和非物质遗产。

---

①中国世界遗产年鉴编纂委员会，《中国世界遗产年鉴编》，北京：中华书局，2004年，第3页。

有的媒体和出版物又把属于文化遗产的文化景观单列一类，即世界遗产分为文化遗产、自然遗产、文化与自然双重遗产、文化景观四类。凡此种种，不一而足。《中国世界遗产年鉴2004》对世界遗产的概念和内涵作了明确的界定。该书的"概述"《中国世界遗产事业的回顾与展望》，引用《世界遗产公约》对世界遗产作了严格的定义：世界遗产是"具有全球突出普遍价值"的人类文明的遗存和大自然的造化。"概述"根据《世界遗产公约》的定义和联合国教科文组织启动的非物质遗产保护项目，最终把世界遗产划分为四类：文化遗产（包括文化景观）、自然遗产及文化与自然双重遗产、人类口头和非物质遗产。这就使世界遗产有了明确的概念和分类，为日后的工作统一了标准。另一方面，目前我国世界遗产理论体系尚未建立，因而该年鉴对世界遗产概念、内涵和分类的界定，也就意味着我国学界建立世界遗产理论体系的初步尝试。

　　二、发凡起例，在继承中又有所创新。年鉴是我国现阶段较常用的工具书体裁，有一定的体例和形式。《中国世界遗产年鉴2004》的编纂体例、篇目设置等，在继承传统年鉴编纂体例和形式的基础上，又有所创新。如，"特载"是年鉴中常见的类目，主要是记载所在区域或行业领导人的讲话或文章。《中国世界遗产年鉴2004》也不例外，收录了国家文物局、中国联合国教科文组织全国委员会、建设部和文化部领导有关世界遗产及人类口头和非物质遗产方面的讲话。但不同于其他年鉴的是，其中还收录了由众多学者联名签字的政协提案和呼吁书。这是因为，与其他行业主要由行政力量主导不同，专家学者在我国世界遗产工作中起着重要作用。我国的世界遗产事业是1985年侯仁之、阳含熙、郑孝燮和罗哲文联名向全国政协提交提案而开创的，我国非物质遗产的保护是由中国民间文艺家协会的会员和一些知名学者发起，进而由政府推动的。把侯仁之等四人提交的《第六届全国政协第三次会议提案（第663号）》[1] 和季羡林、启功等人联名签字的《抢救中

---

[1] 侯仁之等，《第六届全国政协第三次会议提案（第663号）》，见《中国世界遗产年鉴2004》，北京：中华书局，2004年，第21页。

国民间文化遗产呼吁书》①作为"特载"，是本书体例的创新之处，体现了编撰者的别识心裁。其他篇目的设置，如"专文"、"人物"的取舍，亦多有创新，此不赘述。

三、实事求是、客观全面地反映我国世界遗产工作的成就与不足。当前出版的诸多年鉴，往往宣传成就有余，反映问题不足。而《中国世界遗产年鉴2004》对这一问题的处理，则力求贯穿实事求是的原则。如2003年武当山古建筑群中的遇真宫失火被焚毁，是我国乃至世界的一大损失，也给我国现行的世界遗产管理体制敲响了警钟。年鉴的编撰者并不回避这一实际问题，而是如实地记载了这一事件。年鉴"大事记"2003年1月之下对此事作如是记载："19日，武当山遇真宫遭遇大火，具有500多年历史的遇真宫化为灰烬。"年鉴的"概述"《中国世界遗产事业的回顾与展望》在全面回顾我国世界遗产巨大成就的同时，也客观地反思其中的问题和不足。年鉴中的"专文"部分，以保存第一手文献资料的方式，如实地记载和反映种种问题和不足。凡此种种，都反映了编撰者实事求是的态度和编写原则。这就保证年鉴记载的全面性和客观性。

当然，《中国世界遗产年鉴2004》也有不足之处，体例还有待完善。但终究瑕不掩瑜。《中国世界遗产年鉴2004》在展现我国世界遗产风采、全面反映总结世界遗产成就和不足的同时，对公众和专业人员将起到良好的示范和正确的导向作用。良好的开始是成功的一半，相信《中国世界遗产年鉴2004》以及《中国世界遗产年鉴》的后续诸卷也必能在中国世界遗产事业的发展中发挥日益重要的作用。

---

①季羡林等，《抢救中国民间文化遗产呼吁书》，见《中国世界遗产年鉴2004》，北京：中华书局，2004年，第23页，

# 器惟求旧与学惟求新

文物出版社新出杜迺松著《古代青铜器》（2005年6月版）一书，是《20世纪中国文物考古发现与研究丛书》的一种。此书回顾了20世纪中国古代青铜器的发现与研究历程，概要介绍了中国古代青铜器的分类、分期、铭文、冶铸方法、鉴定真伪等方面的研究成果。该书简明扼要，使读者能于简洁的文字中既把握相关学术问题的沿革，又追踪其学术前沿。下面从该书的学术定位、篇章结构与学术价值等方面略作分析，以期对解读本书有所助益。

## 一、学术定位及其意义

本书作者杜迺松先生是长期从事古代青铜器、古文字和商周考古等方面研究的专家，尤其在青铜器研究方面用力最勤，其成果《青铜器小辞典》《青铜器鉴定》《中国青铜器发展史》《步入青铜艺术宫殿》《吉金文字与青铜文化论集》等，显示出在青铜器研究方面的厚重积累。而此次由文物出版社出版的这本《古代青铜器》与一般意义上的专门性学术著作不同，做到了行文的通俗易懂与学术的前沿性并重。

我国近代的学术模式受西方近代学术的影响，以学术专门化为主要特点。诸多学科的研究在日渐成为专家之学的同时也形成了新的无形门户，以至于相关专业的学者想要利用其学术成果，却囿于其学科术语过于专门化等方面原因而难得要领，更遑论普通读者了。这一点在考古与文博学界也是有一定代表性的。在这样的背景下，文物出版社出版的《20世纪中国文物考古发现与研究丛书》，其学术与普及并重的定位意义自不待言。而作为丛书之一的《古代青铜器》堪为这一风格的代表。此书的撰述提纲挈领而又不失知识体系的完整，行文简洁流畅而又不失学理的阐幽发微，总结概括又不失学术前沿的引导与指向性，可以说成功地把长期以来给人以枯燥艰涩之感的古器物学知识，向学术圈内外的广大读者作了清晰简明的介绍和学术引导。这样就在专门之学与普及之学之间架起了桥梁。由此观之，《古代青铜器》可谓大家写小书的成功之作。

## 二、学术研究的层次递进特点及其启示

由于历史的原因以及过渡时期的功利风气，学术失范已成为当前颇为令人担忧的一个现象。而在学术规范的回归上，一些知名的专家学者在纷纭混乱中以身作则，使学术的真精神不绝如缕，薪火相传。《古代青铜器》一书在学术研究的规范性上也给我们做了很好的示范。

中国传统学术研究，大致可以分成以下的逻辑层次：史料——史学——思想。只有扎实地打好前两步的基础，才能得出可靠的结论。《古代青铜器》一书在学术研究思路上正是按照这一规律逐步展开。通观全书，作者首先以时间为序详细介绍了20世纪青铜器的发现和研究概况。这种学科发展史的研究工作也显示出作者深厚的学术积累和精密细致地从事梳理爬抉的功夫。在这一步工作的基础上，作者在对20世纪青铜器的研究成果做了专题介绍。从青铜器的分类与定名、纹饰与铭文、分期与断代、起源与发展、采冶与铸造、青铜艺术以及鉴定与辨伪等方面对青铜器及其历史文化内涵进行了全面深入的研究。在充分吸收前人时贤的研究成果的基础上，本书多所开拓与创获，提出了许多学有根抵的见解。通过分析本书的结构，我们就能够从循序递进的意义上体会学术研究工作具体展开的层次与步骤。

## 三、学术研究的继承与开新

《古代青铜器》一书还体现出学术研究在继承中创新的特点。这一点我们以本书在青铜器分期方法问题上的成就加以说明。20世纪中国青铜器研究的重要成果之一就是完成了从收藏鉴赏向古史研究与古文化研究的转向。在这一重要转向中，青铜器分期方法是问题的关键。如果解决不了分期，就无法利用青铜器实现证经补史的现代学术功能。因此，每一个古代青铜器研究者都首先要对这一问题有扎实的研究，才能保证其后续研究的扎实可靠。

《古代青铜器》一书在分期方法问题上，认真总结排比了青铜器研究史上各种代表性的观点，在此基础上或加以创造性的应用，或经独立运思提出自己的一家之言。其创造性应用，体现在本书对西周青铜器的处理上。传统上，我们在研究周代青铜器时，大多依从郭沫若先生的方法，即将西周青铜器按时代先后排列，东周青铜器按国别排列为主。《古代青铜器》一书在此基础上作了新的应用，即在西周青铜器的研究上，结合新时期的考古学进展，也采用了按国别排列的方法，这是对原有方法的有效拓展。本书的独到见解，可在作者对二里头文化的分期归属问题上窥其一斑。关于二里头文化的分期，考古学界历来有不同观点。作者在举出代表性的观点后，明确提出并阐述了二里头文化属夏代文化的观点，并指出二里头文化将河南龙山文化和商文化连接起来。这对于推动相关研究的进一步深入无疑有着积极的意义。

（原载《中国文物报》2006年1月4日）

# 后 记

这本小书选收了我 25 篇文章，分为 7 个专题。最早的一篇完成于 1999 年，最近的写于 2018 年，时间间隔虽然刚好 20 个年头，但是却恰好经历了从 20 世纪到 21 世纪的一个千年跨越。

张之洞《书目答问》曰："由小学入经学者，其经学可信；由经学入史学者，其史学可信；由经学、史学入理学者，其理学可信；以经学、史学兼词章者，其词章有用；以经学、史学兼经济者，其经济成就远大。"回顾我之探索历程，恰恰是反其道而行之：由于 20 世纪 70、80 年代，社会以文学诗歌为风尚，所以自启蒙开始，接触的课外读物基本上都是带有时代特点的文学著作。初中时期买了一本《周易》，为了解决阅读困难，又买了一套上下册的《大学古代汉语》自学式地阅读了一遍。这些经历为我大学历史系本科毕业论文写作《周易的思维方式》准备了条件。所以在上大学之前，阅读经历是从文学阅读逐渐向传统经典阅读延伸。

在报考北京师范大学先秦史方向研究生的时候，因为要考一些古文字方面的知识，有时还会考一点简单的甲骨刻辞解读。就去请教高蕴华老师该如何学习古文字，他借给我一本林沄的《古文字简论》，简明扼要，是书现在仍然列在中华书局的"大学用书"系列常版常销中。此书珍藏至今，算作对高师蕴华先生永恒的纪念。后来准备考试时曾经写信给晁福林、彭林二位先生请教，每次都得到及时回复，受益良多。后经二次报考，因缘际会考取了刘师家和先生的硕士研究生。在硕士阶段，在业师家和先生的推荐下，正式修习了王宁先生的音韵和训诂学课程、陈绂先生的《说文解字》课程。这样，就由史学得窥传统小学门径。

1998 年购买《郭店楚墓竹简》，开始较系统地阅读出土文献。2008 年攻读专门史（中国古代思想史）博士学位研究生，以荀子研究为中心，利用出土文献与传世文献结合方式探讨儒家六艺经典化问题，对以出土简帛等文字为载体的新材料有了较全面的学习与应用。2013 年在北京大学出土文献研究所跟随朱凤瀚先生访学。朱先生分三个学期为博士生开设甲骨文、金文、出土简帛，我听课二轮。在参与清华简研读时，一部分疏通《周公之琴舞》相关文句的内容经先生修改后以《试说清华简〈周公之琴舞〉"日内皋蟹不窸，是佳尾"》发表于《简帛研究》。此后，2016 年试写《甲骨文"肂"字补释》，2018 年写《大盂鼎铭"域"字考释》。这两文都是在朱先生课堂授课及课后研讨时有所启发而形成思路。至此，对出土古文字有了较系统的认知。

上述求索历程，恰好与《书目答问》所述路径相反：中学时期以文学阅读为主，大学阶段转而修业于历史学系，研究生时期由史学专业细分而入专门史（思想史）研究，由于思想史研究对史料要求的系统性和前沿性而涉猎古文字研究，在毕业后又一直从事大学公共历史、中国古代哲学、传统文化现代化的教学，这类课程恰如张氏所说的"以经学、史学兼经济者"中的"经济"一类，此处之"经济"即"经国济民"。由此观之，尽管个人的求学路径与南皮先生主张截然相反，但最终却殊途同归。这是理解本书驳杂内容的一个内在理路。

按照时下的观点，这本小书很不"专业"，这与所收文章的性质密切相关：本书所收文章三分之二左右是我多年讲授不同门类课程之诸种讲义选择性的（大多讲授几轮较成熟后即蒙诸多报刊不弃而发表，出处详见诸文末尾之标注）整理结集，因而不像专门领域研究著作那样专精，但它是对愚钝如我者二十余年大学教学经验的一个总结。因此，在这里也要感谢北京印刷学院学科建设专项及重点教学改革项目的持续支持。传统学问有所谓"通群经而治一经"之法门，虽不能至，但心向往之。如果说这么多年积累下来的、对多学科的肤浅领略，能够勉强算作所谓泛观博览之成果的话，或许也为由博返约准备了条件，但此后是否会取得预期的聚焦效果，则要观诸日后的努力程度，请诸君多多监督与指正。

崔存明

2021 年 5 月 7 日

于北京印刷学院综合楼办公室